JN042758

ケアしケアされ、生きていく

竹端 寛 Takebata Hiroshi

★――ちくまプリマー新書

438

目次 ＊ Contents

はじめに

ケアって、一見すると「弱者のための特別な営み」のように思う人も多いでしょう。でも、実はあなたの日常がなめらかに、つつがなく廻《まわ》っているのは、普段意識していない、気づかないところで、ケアがうまく埋め込まれているのです。

例えば、洗濯物や洗い物が溜《た》まっていない、きちんと皿や服が片付けられている、歯ブラシや洗剤、トイレットペーパーのストックが買いそろえられている、布団が干されていて、賞味期限が切れる前に食材がうまく使われ、冷蔵庫のストックは補充されている……。これらは、誰かが気にかけないと維持されない、という意味で、ケアです。また、あなたが今、ここに生きているのは、これまで赤ちゃんの時から膨大な「お世話」を受けてきたからです。親や先生、親戚、近所のママ友、お友だち……にたくさん気にかけて、気遣ってもらったからこそ、生き延びてきたと言えます。つまり、解像度を高めてみると、あなたの身の回りには、ケアがそこかしこにあるのです。

ジョアン・トロントという政治学者は、ケアに五つの種類があると述べています。一、関心を向けること（Caring about）、二、配慮すること（Caring for）、三、ケアを提供すること（Care giving）、四、ケアを受け取ること（Care-receiving）、そして五、共に思いやること（Caring with）です。一から四までは比較的皆さんにも想像しやすいと思います。でも、五番目の、共に思いやることって、どういう意味でしょうか？　それが本書のテーマです。

……と言われても、やっぱりケアの話なんて興味がない、そんなの関係ないよ、と思う人も少なくないかもしれません。そこでこの本では、私が見聞きしている三つの世界をつなげながら、ケア中心の社会とは何か、を考えてみたいと思います。

一つ目は、二〇歳の大学生の世界です。私は二〇年近く大学生と出会い続け、定点観測しています。今の二〇歳は、すごく生きづらそうです。真面目な「よい子」で頑張って社会的な評価を得ようとしています。努力すれば報われる、と言われ続けてきました。

彼女や彼は「周囲に迷惑をかけてはいけない」を深く内面化しています。周囲の目を気にせずしたいことをするのは「わがままだ」と思い、「迷惑をかけない」ために、必死になって取り繕っています。まるで「他人《ひと》に迷惑をかけるな憲法」の世界の住人のようです。真面目な努力と「迷惑をかけるな憲法」に従うと、「世間にとって都合のよい子」が生まれていきます。弱肉強食的なシステムに順応するにはもってこいの生き方です。でも、何か大切なことが欠けています。それは、自分のありのままを大切にする、という意味での、「自分へのケア」です。

二つ目の世界は、六歳の女の子の世界です。私はこの六年間、娘を育てながら、自分自身も学び直し、育ち直してきました。娘の世界には、まだ「他人に迷惑をかけるな憲法」がありません。朝起きた瞬間から夜眠る瞬間まで、好奇心旺盛で動き続け、おしゃべりし続けています。「あそぼー」「おなかすいたー」「つまんない」「ねむたい」と思うことをストレートに伝えてくれます。忖度《そんたく》とか「空気を読む」大学生とは真逆の世界です。娘は世界への信頼感に満ちています。信頼できる親や大人たち、何人もの友だちに囲まれて、護《まも》られているという安心感があります。だからこそ、のびのびと自分の気持ちを表現できます。他者から気を配られる（ケアを受け取る）からこそ、自分へのケアができる、そんなケア関係が成立しています。ただ、親や先生が「ちゃんとしなさい」「しっかりしなさい」と子どもに圧力をかけると、このケア関係は簡単に崩れ去ります。そこに「迷惑をかけるな憲法」が植え付けられると、六歳の頃の潑剌《はつらつ》さは失われ、「他人の目」におびえる二〇歳まで一直線です。

なぜ、こんな落差があるのか。それを考えるのが、三つ目の世界、四八歳の私が生きる世界です。私自身も、中学校から猛烈進学塾に通い、偏差値至上主義に染まってきました。小学校の頃は、いじめによる学級崩壊も経験しました。自分や他者への信頼感が失われていくなかで、「良い大学や会社」といった社会の求める標準化・規格化された生き方に合わせようとしてきました。ずっと競争し続けるよう、仕向けられ、やがてそれが当たり前だと感じるようになりました。そんな私が大学院生の頃に、別の世界に出会います。それは、障害のある人と共に生きる世界です。社会の規格からはみ出し、「社会からの落ちこぼれ」「生産性がない」などとラベルを貼《は》られている人々が、魅力的に生きている世界です。この世界を通過すると、逆に「生産性とは何か？」「生きる価値を選別できるのか?」とモヤモヤし始めました。そして六年前に父となり、そのモヤモヤが深まっていきます。「生きる価値があるかどうかに優劣をつける発想自体が、私自身の生きづらさの根底にあるのでは」と。

誰かを排除し、優劣をつける世界は、実に息苦しい世界です。「そんなこと言っても弱肉強食、勝つか負けるかの世界だから、仕方ないじゃないか」と、二〇歳の大学生はしばしば言いますし、四二歳までの私もどこかで同じように思い込んでいました。でも子どもと六年間、共に時間を過ごす中で、もしかして、そんな「生きづらさ」を超えていく可能性があるのではないか、と思っています。それが、共に思いやる(Caring with)社会です。

「迷惑をかけるな憲法」に自発的に従うことをやめ、それ以外の可能性を探ること。それは、魂が植民地化された状態から脱する、という意味では、魂の「脱」植民地化でもあります。人生は、先生や親が正しい答え(正解)を知っているわけではありません。少なからぬ親や先生も、その正しい答えに縛られて、正解幻想に苦しんでいます。であれば、その正解幻想を捨て去って、自分のことを信頼し、信頼できる仲間を作りながら、ともに関わり合う、豊かな関係性にもとづく社会を作っていけるのではないか。一人一人が己の唯一無二性を大切にしながら、「他者の他者性」を尊重し、つながっていく。それが、生産性至上主義の社会からケア中心の社会への転換です。

大風呂敷のようですが、それは可能なのではないか、と私は感じています。「ケア中心の社会なんてできっこないよ！」と「できない一〇〇の理由」を述べるのではなく、ではどうしたら可能なのか、と「できる一つの可能性」を模索する。本書であなたとともに考え合いたいのは、そのことです。

第一章　ケア？　自分には関係ないよ！

一　「迷惑をかけるな憲法」

他人に迷惑をかけてはならない

私は二〇年近く、大学教員として大学生をずっと定点観測してきました。授業でもゼミでも、積極的に学生の皆さんに、自分が考えていることを話してもらいます。いつの頃からか、学生たちがあることに縛られていることが、気になりました。

「他人や周囲に迷惑をかけてはならない」

「当たり前じゃん」とあなたは思うかも知れません。でも、「迷惑をかけてはならない」と必死になっている学生たちを見ていると、法律に書かれているわけでもないのに、日本国憲法よりも遥《はる》かに気にして生きているのではないか、と思い始めました。「迷惑をかけてはならない」というルールは、看板や標識に書かれているわけでもないし、いかなる法律やルールにも規定されていないはずなのに、多くの日本人にとって生きる前提になってしまっている。その意味では、「迷惑をかけるな憲法」ではないか、と私は感じました。そして、その目で周囲を見渡してみると、日本国憲法の内容はすっかり忘れている学生たちであっても、「迷惑をかけてはならない」というのは、自分自身の行動規範としてしっかり身につき、日々気にして生きているようなのです。

この「迷惑をかけるな憲法」をしっかり護《まも》っているのは、いわゆる「いい子」と言われる学生たちです。先生や親の言うことをしっかり聞いて守り、大人の期待に応《こた》えようと必死になる彼女ら彼ら。そういう学生と接していると、表面的にはこちらは授業やゼミはしやすいので、楽です。でも、「じゃあこれについてどう思うの？」と意見を聞いてみると、「わかりません」と黙り込んだり、あるいは私の顔色をうかがって、教員が求める答えを探っている学生もいます。

なんだか変です。これは一体どういうことなのでしょうか？

都合のいい子!?

「他人や周囲に迷惑をかけてはならない」と考える「いい子」って、実は「世間や他人にとって都合の良い子」なのではないか。これが、私が持っている仮説です。

そもそも「いい子」って何でしょうか？　論理的に考えると、「自分の主体性や意思をしっかり持ち、他人と意見が異なっていようとも、自分自身の主体性や軸は揺るがない子」だって、「いい子」と言えるかもしれません。でも、そういう子は今の日本社会では、なかなか「いい子」とは言われにくい。なぜなら、先生や親、大人が指示した内容に対して、自分で納得できない場合、「それは違うと思います」「私は納得できません」と伝えるからです。そして、そのようなことを口にする子は、「わがままな子」「我の強い子」「自分勝手な子」とラベルが貼《は》られがちです。

実は、この「ラベルが貼られる」というのが、大切なポイントです。「いい子」とか「わがままな子」という「ラベル」を「貼る」のは、いつだって本人以外の第三者なのです。しかも、子どもであれば、このラベルを貼るのは、親や教師といった「模範とすべき（と思われている）大人」です。さらに言えば、この種の「大人」は、養育や教育という接点で子どもと接しています。ある種のパワー（これを権力とも言います）を持っていて、そのパワーを子どもに押しつけ、時には押さえ込むことだってできうる（権力行使をする）存在なのです。

自分以外の第三者で、自分に対してパワーを用いて押さえ込むこともできる「大人」である親や教師。その「大人」たちが、「他人に迷惑をかけてはいけません」と注意し、刷り込んでいく。私自身は六歳の子どもの父親なのですが、この六年間、そのことを強く意識してきました。小さな子どもって、迷惑をかけて当たり前の存在です。わちゃわちゃしているし、泣き叫ぶし、動き回るし、自分でもなかなか制御がきかない、統制がとれない場面が沢山あります。そんな子どもに「ちゃんとしなさい」「迷惑をかけてはいけません」と親や教師が注意したくなるのも、よくわかります。私もそう注意したくなることが何度もありました。

でも、そうやって注意すると、「親の顔色をうかがう、親にとって都合のいい子」になるのではないか。「他人に迷惑をかけてはならない」とびくびくし、自分の思いや意見に蓋をしてしまうのではないか。そう思って、娘に権力行使することに、自制的であろうとしてきました。

大人から学んだ「いい子」

これも子育てをしていて気づいたことですが、赤ちゃんは純粋に親や大人の言うことを受け取る能力を持っています。世界に対する疑問や批判を最初から持っているわけではありません。目の前にいる親や先生のことを基本的に信頼し、その大人との相互作用の中で、少しずつ世界観を拡《ひろ》げていきます。そして、乳児から幼児、小学生と育っていくなかで、他人と違う自分自身というものを発見していきます。「自分は親や先生の言うことと違うことをしたい」「親や先生がしろと言った○○はしたくない」という思いが生まれてきます。

この時、信頼している大人である親や先生が、どのような関わり方をするか、でその子の考えは大きく変わってきます。「親の言うとおりにしなさい」「ちゃんと言うことを聞きなさい」と子どもの言動を押さえつけるのか、親が子どもの言いなりになるのか、なぜ大人の言うことと違うことをしたがるのかと子どもの意図を汲《く》もうとするのか……。親が子どもにどう接するかで、子どもは大人や自分の周りの世界への理解の仕方が大きく変わってきます。

まず頭ごなしに叱って押さえつける場合、「親や大人は自分の思っていることと違うことを押しつけてくる存在」だと子どもは認識するようになります。すると、「大人の前では、怒られないように、大人の言う通りにしておけばよい」、つまり大人の前でうまく振る舞うことができる子になっていきます。次に、親が泣き叫ぶ子どもをなだめるために子どもの言いなりになると、子どもは「親にこうすれば自己主張が通るのだ」と思い、それを繰り返します。「○○を買ってほしい」とスーパーなどで駄々をこねるのは、その一例です。そして、何かあったとき親が子どもの意図を理解しようと近寄ってくるなら、子どもは自分の気持ちを伝えようと努力するし、親の意見も聞いてみようと思うようになります。

ちなみに我が家の場合、有り難いことに、娘はスーパーやおもちゃ売り場などで泣き叫んだことは一度もありません。といっても、叱りつけたわけではありません。家の中では、駄々っ子というか、わあわあ言う場面も沢山あります。でも、そうやって彼女の表現を普段から受け入れたり、親が子どもの意見を聞いたりしてきたからでしょうか。お店で「〇〇がほしい」と彼女が言ってきても、「今日は買えないよ」と伝えたら、「わかった」と理解してくれるようになりました。

つまり、子どもが育つ中で、親や先生などの「大人」の関わり方によって、子どもはどのようにでも育ちうる、という意味で、しなやかさや柔軟性を持つ存在なのです。そして、そんなしなやかで柔軟な子どもが「迷惑をかけるな憲法」に従う「いい子」になるとは、それは「大人」から受けた「教育」や「しつけ」ゆえ、と言えそうです。では、その「教育」や「しつけ」の「成果」は、子どもにどのように機能しているでしょうか？

二　しんどいと言えない

意見を表明する権利

私は大学の授業の中では、学生たちが普段「当たり前」と感じていることを、「ほんまかいな？」と疑う内容を展開しています。例えば、二〇二三年四月に施行された「子ども基本法」の第三条第三項には、こんなことが書かれています。

「全《すべ》てのこどもについて、その年齢及び発達の程度に応じて、自己に直接関係する全ての事項に関して意見を表明する機会及び多様な社会的活動に参画する機会が確保されること。」

どうでしょう。あなたが子どもと呼ばれる年齢なら、自分が今の年齢になるまでの間、あなたが大人なら、あなたの子ども時代、「その年齢及び発達の程度に応じて、自己に直接関係する全ての事項に関して意見を表明する機会及び多様な社会的活動に参画する機会が確保」されてきたでしょうか？　制約された経験はありますか？　それはなぜだと感じていますか？

実際に議論し始めると、学生たちは色々な意見を出してくれます。

「基本的に自分の意見は尊重されてきた」
「学級委員長が先生と決めてしまって、自分たちの意見が反映されないことがあった」
「聞いてほしい話を受け流されたり、後回しにされた経験がある」
「校則には納得できなかったけど、それに反論する機会はなかったし、そういうものだと思ってきた」

グループでこういう意見を色々出してもらいながら、ではなぜこんな法律ができたのだろうか、を一緒に考えてもらいます。法律は、社会に先駆けて作られるものではなく、常に社会の現実を後追いして作られます。つまり、今の日本社会では、子どもの意見を表明したり、それが大人に聞かれること（これを子どもの意見表明権といいます）が既に保障されているからこの法律が作られた、というのではなく、逆に、子どもの意見表明権がまだ十分に保障されていないから、このような法律が必要だ、ということも見えてきます。

では、なぜ子どもの意見表明権は、まだ十分に保障されていないのでしょうか？

他人の顔色をうかがう

ある学生が、子どもの意見表明権について、次のような感想を寄せてくれました。

「幼い時に聞いてほしい話を受け流されたり、後回しにされた経験が、相手の顔色をうかがいすぎたり、伝えるのを諦めたりしてしまう今の自分に繋《つな》がっていると感じた。実際に、いじめや虐待を受けているのにもかかわらず、誰にも相談できず一人抱え込んでしまって、最悪の結果を招き込んでいるケースが多くなっている。だから、話を真剣に聞ける時間は、どんなに忙しくても取らなければならないと感じた。」

大学で働いていると、「相手の顔色をうかがう」学生が本当に多いと思います。それは、小中高の一二年間の教育や、それまでの「しつけ」を受ける中で、「大人の顔色をうかがって、許してもらえそうなことをした方が、うまくいく」という「成功体験」が刷り込まれているからではないか、と思っています。でも、視点を変えてみれば、「大人が許しそうにないと想定されることについては、最初からやめておく、諦めてしまう」という考え方も、学生たちが内面化しているようにも思います。それでは、自分から黙って大人に奴隷のように付き従う、という意味で、「自発的隷従」状態だし、むしろ、それが大人から「いい子」と称揚されているようにも思います。

その上で、就職活動をしている学生は、こんなふうにもため息をついていました。

「就活をするようになったら、『あなたの個性はなんですか、自分らしさを教えてください』としきりに言われる。でも、高校までの学校教育においては、黙って従うことが良いとされてきた。そして、実際に会社に入ったら、ピラミッド型の、上司の言うことに従え、という組織も多いと聞く。就活だけ個性を求めるって、一体どういうことなんだろう」

今の日本社会においては、学校も会社も、残念ながら「自発的隷従」を「いい子」「良い社員」とする風潮が残っていたりします。それは、一人一人の意見表明権よりも、

「クラスのまとまり」「会社の利益」「組織の方針」が大切にされる、ということでもあります。そして、そこに足りないのは「対話」です。「話を真剣に聞ける時間はどんなに忙しくても取らなければならない」という先の学生の言葉は本当にその通りなのですが、忙しさを理由に、なかなか一人一人のモヤモヤした声は、そのものとして聞かれることはありません。

では、声が聞かれないと、どうなるのでしょうか。

苦しいことと苦しみ

障害者文学を研究する荒井《あらい》裕樹《ゆうき》さんは、「苦しみ」と「苦しいこと」の違いを、以下のように説明してくれています。

「前者は、『苦しみ』の内実をある程度自分で把握しており、言語表現であれ非言語表現であれ、それを誰かに伝えたいという表現への欲求が強いように思われます。対して後者は、『苦しみ』の内実が本人にも把握しきれず、また詳細に表現することもできないけれど、何よりもまず、苦しんでいる自分の存在を受け止めてもらいたいという関係性への欲求が強いように思われます。」

（荒井裕樹『生きていく絵』ちくま文庫、p135）

自分は○○のことがしんどい、△△について苦しんでいる。

このように言語化できるということ自体、その○○や△△という「苦しみの内実」を、ある程度自分自身で理解し把握できているのですよね。一方、自分が何で苦しんでいるかわからない、でも何だかモヤモヤするし苦しいし、それをわかってほしい、と思うとき、つまり「苦しみの言語化」ができないとき、人は「苦しいこと」を別の形で表現しようとします。

たとえば私の娘の場合、三、四歳くらいまでは、しばしば家の中で泣いて不機嫌になっていました。でも、親はこれまでの経験則の中で、娘が泣き出すときは、お腹がすいた・眠たい・しんどい・調子が悪い……のどれかに当てはまると思って、様子を見ながら「お腹がすいたの？　おにぎりでも食べる？」と聞くと、食べてけろっとしたりします。つまり、まだ「苦しみ」を伝えられない子どもの「苦しいこと」を親が察知して、先回りして言語化の手伝いをすることで、娘は「苦しいこと」から逃れることができるようになり、「お腹すいた！」と「苦しみ」を表現できるように、少しずつなってきました。

その一方、「相手の顔色をうかがいすぎたり、伝えるのを諦めたりしてしまう」学生たちと接していると、それがあまりに当たり前になっているので、「顔色をうかがう」「伝えるのを諦める」ことの何が問題なのかがわからない学生も結構いるようです。まして や、そういう「苦しみ」をそのものとして表現することはできません。そもそも、「顔色をうかがう」のは、自分のしたいこと（would like to）ではなく、イヤでもしなければならないこと（should/must）です。そして、そういう義務を果たし続けることは、しんどいことです。でも、それがどのように苦しいのかを表現できません。

自分の思いより他人の顔色を優先することは、快いことでも楽しいことでもありません。「それでも仕方ないか」と受け入れる学生もいます。その一方、「仕方ない」で済ますことにモヤモヤしていき、そのモヤモヤが最大化する中で、「苦しいこと」として表現しようとする学生も現れます。学校に行きたくない、行こうとすればお腹が痛くなる、という不登校はその象徴的な「表現方法」でしょう。あるいは、自分の手首やお腹、太ももなどを切り刻むリストカットや、その先にある自殺未遂。卒論を前にして、急に音信不通になる学生や、ゼミで「白紙」を提出する学生。様々な形で、私に対して「苦しいこと」を表現しようとする学生たちと出会ってきました。

以前の私は、そういう「苦しいこと」として表現されることを「問題行動」「困難事例」だと思っていました。連絡が取れなくなったり、トラブルを起こす、という表面的な出来事だけをみて、「困ったなぁ」「迷惑をかける学生だなぁ」と思っていました。でも、それが「苦しいこと」の表現であり、「苦しみ」として表現できないしんどさだ、と理解できるようになると、だいぶ受け止め方が変わってきました。

三　自分自身を取り戻す

ゼミで涙を流す学生

私のゼミでは、あるテーマについて議論をしている時、「なぜそのことが気になるの？」と問いかけると、どう表現して良いのかわからなくて、黙り込んでしまう学生がいます。あるいは、何かを言おうとするのだけれど、それを言うのが苦しくて、泣き出す学生もいます。これは学生に限ったことではありません。私は福祉現場で働く方々と、その方がモヤモヤしておられることをうかがう「モヤモヤ対話」をする機会があるのですが、その際に、モヤモヤをしゃべってもらっているうちに、涙がポロポロ流れ出す光景に遭遇することが、よくあります。

大学教員になった当初は、目の前で泣き出されると、オロオロしてしまい、なんとか対処しなければならない、解決しなければならない、と思い込んできました。でも、最近では涙を流すという形で、「苦しいこと」を表現することができるのだ、と思うようになりました。そして、変な言い方かもしれませんが、「安心して涙を流せる環境を作ること」がゼミで最も大切なことかもしれない、と思うようになりました。

以前の私は、「言葉で表現してくれないとわからない」と思っていました。でも、「苦しいこと」とは、「苦しみを言語で表現できないしんどさ、つらさ」のことでしたよね。だからそれは、現時点では言葉で表現できないこと、なのです。それゆえ、学校にこなくなったり、リストカットやオーバードーズ（睡眠薬などの大量服用）をして救急車で運ばれたり、音信不通になったり、教員の指示を全く無視したり、をするのです。そして、そういう学生たちに限って、これまでは「他人の顔色をうかがう」「自分の想いを伝えることを我慢していた、諦めていた」「いい子」だったりします。

その「いい子」たちが、これ以上「いい子」をできなくなった時、我慢できる限界を超えてキャパオーバーになった時、それは、文字通りの「危機こそチャンス」だと思うのです。他人に迷惑をかけずに頑張ってきた「いい子」たちが、反旗を翻して、というかそんなつもりもなく、もうこれ以上頑張れないからと、「苦しいこと」を表現する。それが涙であれ、不登校やリストカットであれ、そういう形で「苦しいこと」を表現したときに、その言葉にならない表現を、そのものとして受け取ることができるか。

これは、学生にではなく、親や教員といった大人の側に問われていることだと、私は思っています。目の前にいるあなたの「苦しいこと」の表現を、大人の私はしっかり受け止められているだろうか、という問いです。

ペラペラしない他者

YouTubeやTikTok、インスタやツイッター（現・エックス）などのSNSの世界は、キラキラ・ペラペラしています。オシャレで着飾って、〇〇を買った（行った、できた、儲《もう》けた……）と騒ぎ立てます。他人がキラキラして、それをペラペラしゃべっているのを見聞きすると、「それに比べて自分なんて」と自分がちっぽけに思えたり、情けなくなったり、自信がなくなったりします。学生たちだけでなく、私自身だって、たまにそういう「幻想」に襲われてしまう瞬間があります。

でも、それは「いま・ここ」で生きる自分とは違う、そして表面的な他者の「見せびらかし」という意味では、幻の想いとしての幻想なんです。そして、幻であるが故に、現実以上に輝いてみえる。その輝きと比較すると、自分なんて、と落ち込んでしまう。やっぱり自分はダメなんじゃないか、イケてないのでは、とため息をつく。そういう悪循環サイクルが機能しているのだと思います。迷惑をかけずに必死に頑張っても、能力がないからか、報われない自分がいる。一方、SNSの世界を見ると、自分と同世代でも、遥《はる》かに成功したり、上手くいってそうに見える他者がいる。それを見ていると病むし辛《つら》い。

……と書いてみましたが、実は上記に決定的に欠けていることがあります。それは、実感を持って自分のことを気にしてくれ、尊重してくれ、大切に扱ってくれる「他者」の存在です。たしかにSNS上の他者は、眩《まぶ》しいし羨ましい存在です。LINEやメッセンジャーなどで声をかけてくれる存在もいるかもしれません。友だちに相談したら、話を聞いてくれるかも知れません。でも、そこであなた自身のことを尊重してもらえたでしょうか?

学生たちと話していると、「自分のモヤモヤやしんどい内容って、本当は誰かに話したいけれど、そんな重い内容を話してしまうと、相手に迷惑になりそうで、言えない」と言います。でも、私の前で、あるいはゼミ空間で「苦しいこと」を表現したり、涙を流す学生と出会っていると、具体的な他者が必要なんだろうな、と思うのです。それは、問題をズバズバと解決してくれる、アドバイスをしてくれる、「カリスマ」や「スーパーマン」ではありません。他人の話を聞かずにペラペラと自分の自慢に忙しい人でもありません。そうではなくて、あなたの言葉にならない想いやしんどさ、苦しいことを、そのものとして表現しても否定されない。そのうえで、じっくりとただ聞いてくれて、できそうなら共に考えようとしてくれる。そんな存在が必要なのではないか、と。

about-ness から with-ness へ

私が出会う学生たちは、「他人に迷惑をかけてはいけない」だけでなく、「他者にどう見られているか」と顔色をうかがい、他者からの評価を気にしています。でも、その他者評価を気にするより、自分はどんなふうに感じているか、思っているか、考えているか、を仲間とシェアした上で、あなたはどうなの、と分かち合える関係性の方が、心地よいと思うのです。

心理療法家のショッターさん（John Shotter）は about-ness と with-ness という二つの考え方の違いを説明してくれています。about-ness な考え方とは「○○について考える」やり方で、問題を対象化して「客観的に」分析する思考のことを指します。一見するとごく当たり前に思いますが、それは常に問題を細分化・他人《ひと》事《ごと》化しやすいし、他者の問題なら「それは○○が悪い」と上から目線で指導や指摘をしやすいです。そして、学生たちの中には、そのような他者の指導や指摘を内面化して、自分の問題をうっかり正直に口にすると、自分が批判・攻撃・否定されるのではないか、と防御的になっている人も、少なくないように思います。

一方、with-nessな考え方とは「○○についてあなたと私が共に考え合う」という姿勢です。物事を切り離して分割するのではなく、どのように関連付けられそうか、いかに相互作用が起こるのか、を大切にします。一方的な指導や助言、アドバイスをしていては、共に考え合うことにはなりませんよね。まずは相手が悩んでいること、しんどいこと、苦しいことを、遮らずに最後までじっくり聞いてみる。その中で、どんなに変だとかおかしいと思っても、まずはそっくりそのまま、相手の話を否定せずにまるごと受け止めてみる。その後、その話を聞いた自分は心の中にどんなことが浮かぶかを、私を主語にして、話し始めてみる。それがwith-nessなアプローチです。

教師や親が、どれだけwith-nessで子どもたちに接してきたのか、というと、自分の胸に手を当ててみても、非常に心許《こころもと》ないです。なぜなら、一人の教師が三〇人や四〇人の学生の前に立ち、一方的に授業をする、という近代教育のモデル自体が、そもそも

about-nessの考え方に基づいているからです。子どもたちは教師の話を黙って聞いて覚えればよい、というモデルです。私自身も、親や教師から、そういう価値観を当たり前のように引き継いできました。そういうモデルの中での「いい子」が、教師として再生産されていきます。すると、「先生、それは違うと思います」と授業を止める子どもは「教師にとって都合の悪い子」になるのですよね。つまり、教育やしつけにおいて、about-nessが構造的に繰り返されてきたのです。

そして、いまの若者たちをみていると、SNSのキラキラ・ペラペラも含めて、about-nessの話はあふれかえっているようです。でも、その一方、with-nessなアプローチで自分のモヤモヤや「苦しいこと」をじっくり受け止めてもらえる他者との出会いや話し合いの経験は、決定的に不足しているように思います。ゼミや面談を通じて、そういう場を作ろうと心がけていると、「こんなことを話したことがなかった」「こんなことを話してもいいんだと気づけて、楽になった」「ちゃんと聴いてもらえたのが、すごく嬉《うれ》しかった」といった声も聞こえてきます。そして、そういう自分の声を取り戻す、ちゃんと聴かれるプロセスこそ、「迷惑をかけるな憲法」から抜け出す第一歩だと、私自身は考えるのです。

四　面倒な中に豊かさがある

ケア不在を超えるために

ケアの本なのに、全くケアについて書かれていないのではないか、と思う人もいるかもしれません。でも、実は今まで書いてきたことは、学生たちと接していて感じる「ケア不在」の現実の一風景なのです。「他人に迷惑をかけてはいけない」と必死になって、親や教師や大人の顔色をうかがって、自分の思いや意見を押し殺し、伝えるのを諦めてしまう。それは、自分の声を抑圧し封印する、という意味で、自分への気遣いや配慮という意味での「魂へのケア」が決定的に欠けている状態です。そしてそれは、すごくしんどい状態でもあります。

多くの学生は、その「しんどい状態」を当たり前だと感じたり、社会に出るには、大人になるには、そうしなければならない、と信じ込んでいます。だからこそ、一部の感受性が豊かな学生は、その封印がしんどくなって、モヤモヤが最大化したものを「苦しいこと」として表現しようとします。それが、不登校やリストカット、自殺未遂や大人への反発など、様々な「問題行動」として現れます。でも、そういう「表現」は「苦しいこと」として適切に受け止められず、「個人の問題」として矮小化《わいしょうか》されます。すると、理解されなかったという苦しいことは、ますます溜《た》まっていくばかり、なのです。

その時に、「苦しいこと」や抑圧のしんどさを、ともに考えてくれる仲間や大人の存在が、決定的に不足していることも書いてきました。「面倒なこと」を表面化させず、穏便に過ごすが故に、内なるマグマを抱えたり、そのマグマを「なかったこと」にして、封印してしまったりする。そういう状態を超えるために、「ここでは言ってもいいんだ」と思える場や仲間が必要になってきます。批判や査定をされるabout-nessの場ではなく、「苦しいこと」も含めて表現しても許される、with-nessの場が保証されている。そういう仲間とのつながりがあれば、安心・安全に話せる場があれば、自分の魂を押し殺さずとも、共に考え合うことができる。それが「苦しいこと」が「苦しみ」に昇華されるためにも、必要不可欠なプロセスなのだと思います。そして、そこには具体的で手触りのある、あなたのことを気にし、気にかけてくれる他者の存在が必要なのです。

自分の魂に迷惑をかける？

「こんな話をしても大丈夫ですか？　迷惑ではありませんか？」

たまに学生からそう聞かれることもあります。確かに、簡単に終わらないという意味では、面倒くさいともいえます。「でもね」と、いつもその後言葉を足しています。スムーズに、面倒くさくない話ばかりしていると、確かに聞いている方は楽です。一方で、話している方は、自分の中に澱《おり》のように溜まった、苦しいことや面倒くさいと思われそうな何かを、吐き出すことなくため込んでいきます。すると、それはいつか暴発しませんか、と。この日本社会を覆う「生きづらさ」って、表面的にスムーズで、「他人に迷惑をかけたくない」という「思いやり」に溢《あふ》れているからこそ、どんどんその裏側で溜まっていくものだと思うのです。つまり、「他人に迷惑をかけない」ことって、結果的に「自分の魂に迷惑をかけ続けること」なのかもしれません。自分をそこまで傷つけてでも、他人に迷惑をかけてはならないのでしょうか。そんなに、自分より他人の方が大切なのでしょうか。
こんな一見すると「過激」なことを考えるようになったのは、私自身が六年前、娘を授かってからのプロセスがあったからです。赤ちゃんは、親や大人が関わらなければ、すぐに簡単に死んでしまう存在です。現に、医療や福祉の支援技術が発展していない国ほど、乳児死亡率は高いのが現実です。つまり、赤ちゃんは「他人に迷惑をかけるしかない存在」なのです。

そんな赤ちゃんから乳幼児にかけての六年間は、私たち夫婦は娘に文字通り「迷惑をかけられ」「振り回される」日々でした。よく妻と話をするのですが、「娘はめちゃくちゃ可愛いけど、めちゃくちゃ面倒くさい」存在です。にもかかわらず、私たち夫婦は、娘との日々の中で、娘のケアを通じて、娘からケアされてきました。そういうケアし合う関係を作ってきました。それは、「迷惑をかけ合う」日々なのですが、そこには「迷惑をかけない憲法」に従っていた時代には想像もし得なかった、豊かな別の世界が展開されていました。娘との関わりの中で、私もずいぶんとケアをされてきました。

第二章では、そんな子どもの世界に目を転じて、ケア不在の世界の対極を、皆さんと考えてみたいと思います。

第二章　ケアって何だろう？

一　確かに面倒なのだけれど

めっちゃ可愛く、めっちゃややこしい

私は「福祉」をテーマに研究や教育をしているのですが、恥ずかしながら、子どもが生まれるまで「ケア」を避けていました。面倒だと思ってきました。そして、正直に申し上げると、子どもが生まれてから六年間のケアの日々は、確かに「面倒」な部分がありました。それは、圧倒的に自分の時間が「奪われる」からです。

小さな子どもと暮らしていると、本当に「待ったなし」です。一人でできる部分が限られているからこそ、赤ちゃんなら泣きながら、乳児なら「うーうー」とかうなりながら、幼児なら「おかあちゃん！」「おなかへった！」など言葉で、とにかく自分がしてほしいことを伝えようとします。もちろん、我が子の要望にはできる限り応《こた》えたい。で

も、それがあまりにもしょっちゅうになると、「またか」「ちょっと待ってよ」といった黒々とした感情が出てきてしまうのも、親になって初めて気づいたことでした。

とはいえ、子どもは親に嫌がらせをしたくて、しょっちゅう声を出しているのではありません。小さな子どもは特に、生きていくのに、目の前の出来事や感情と向き合うのに必死です。しかも、快や不快という感情が、どのような状況や条件で生まれてくるのかを分析することなんてできません。楽しい、嬉《うれ》しいならケラケラ笑うし、しんどい、ねむたい、お腹がすいたなら急に不機嫌になります。その感情を隠す理由も方法も、まだ知りません。だから、母や父にとにかくその感情に気づいてほしい、と、一生懸命泣いたり声を出したりして、そのサインを受け止めてもらおうと動くのです。

一方、親も最初から「親業のプロ」なんていません。最初の子どもの時は、みな親業初心者です。親になるための「ペアレントトレーニング」なるものを受けている人もほとんどいませんし、運転免許のように教習所に通わなくても、親になれてしまいます。子どもが生まれてみてはじめて、必死になって子どもと関わり始めます。もちろん、世間には育児本や育児情報があふれかえっています。でも、情報過多の世の中において、どの情報が「いま・ここ」の自分の子どもの状態に合致しているのか、適切な対応策として正しいのか、を判断する余裕は、親にはありません。なぜなら、そんなことを考える間もなく、子どもは繰り返し泣いて、騒いで、親に呼びかけてくるからです。

「娘はめっちゃ可愛いけど、めっちゃややこしいな」

妻と何度このフレーズを言い合ったか、わかりません。キラキラと輝いた目でこちらを見つめてくれる娘。楽しくなってよちよちダンスをしたり、覚えたての歌を披露してくれる娘。何気ない拍子に親に抱きついてくる娘。本当に「親馬鹿《ばか》」と言われようと何だろうと、めちゃくちゃ可愛いのです。ただ、それと同程度に、めちゃくちゃややこしい。ご飯をこぼす、咳《せき》に誘発されて食べたものを全て吐く、風邪をしょっちゅうひいて耳鼻科に何度も通う、鼻血が出ているのに気づいて怖くなって鼻を掻《か》きむしり鼻血が止まらなくなる、やってほしくないことに限って繰り返す……。書きだしたらキリがないほど、「面倒」なことのオンパレードです。

本当に、可愛さとややこしさは、どっちも満載なのです。

存在をぶつける

乳幼児の時期は、我が娘も容赦なく親に「お試し行動」をしていました。一歳の終わりから三歳にかけて、世間では「いやいや期」と言われ、我が家では「絶賛自己主張期」と言い換えていた時期でした。「叱られても同じ行動をする」「はしゃいで走り回る」「食べ物を投げたりこぼしたりする」といったことを繰り返していました。何度も繰り返し注意するのは疲れるし、他人に迷惑をかけたら謝り、危機を回避したり、と、文字通り「目が離せない」状態でした。

そんな状態で疲れ果てている時、子育て経験のある人から「そんなに手がかかるのはほんの一瞬よ」と何度言われたことでしょう。そしてそのたびに、「あんたにとっては一瞬かもしれんけど、困って大変なこっちにとっては何の慰めにもならへんわ！」と怒りまくっていたのを思い出します。ただ、確かに六年経《た》ってみると、その「絶賛自己主張期」（またの名を「いやいや期」）は、あっという間に終わってしまいました。正直この原稿を書いていても、その時感じた怒りは覚えているけれど、具体的な内容はもう忘れかけてしまっています。

アレって一体何だったんだろう。そういう問いが浮かびます。

いま、振りかえってみると、子どもが自らの存在を親にぶつけてきた時期なのかもしれない、と思い始めています。親が迷惑に感じたり困ることを、とにかくあれこれ試してみる。そこに、子ども自身の自我の芽生えが着実にあったのだと、今なら気づきます。何もわからなくてめちゃくちゃしていたのではない。実はその逆で、どこまでしたら親は怒るか、とか、どんなふうにしたら親は気づいてくれるか、とか、あるいは親の関心を引きつけたいとか、むしゃくしゃすることがあるからとにかく変化を起こしてみたいとか。動機は何であれ、そこには確実に娘の「意図」があったと思うのです。

でも、父は、泣き叫ぶ、ものを投げる、あちこちが汚れている……といった目の前の現象への対処に必死になり、娘がどんな動機で、いかなる意図をもってそれをしようとしているのか、を考えることはできませんでした。その意味で、文字通り娘に翻弄されていました。

でも、「絶賛自己主張期」の娘とそれにオロオロ対応する親、の関係性の中で、彼女自身も少しずつ、色々なことに気づいて、成長していきます。そして、父も遅まきながら、そんな娘をみていて変化が始まったのです。

意見表明の主体としての子ども

前の章で「苦しいこと」と「苦しみ」の違いについて紹介しました。「苦しみ」の内実を表現できない、けどわかってほしいという時に、一見すると「苦しみ」だと理解できないようなことをして、「苦しいこと」を表現しようとする。学生の場合、不登校やリストカット、音信不通という形で、「苦しいこと」を私に伝えようとしてくれました。

実は、これは娘にも当てはまると思っています。彼女の「いやいや期」＝「絶賛自己主張期」こそ、まさに「苦しいこと」の表現だったのではないか、と思うのです。娘の中で、親とは違う自分の思いや意図のようなものが少しずつ生まれてくる。それは、彼女にとっては興味深くも混乱する事態だと思います。おかあちゃんやおとうちゃんは、どうも自分とは違う人らしい。じゃあ、おかあちゃんやおとうちゃんはどういう人なんだ!? そのことへの疑問や不安や好奇心が高まる中で、とにかく色々やってみる。何がどうなっているかわからないから、とにかくあれこれ試してみるしかない。どうもそれで親は困ったり怒ったりしている。でも、だからといって、自分の不安や好奇心を抑えることはできない。とにかく、自分が納得し了解できるまでやってみるしかない……。

自分が感じていることを、適切な言葉として表現することがまだできない。それは実に「苦しいこと」だと思います。だからこそ、泣くか、ものを投げるか、怒るか、「いや」と言い続けるか、といった具体的な行動として、示すしかない。親はその隠されたメッセージに気づいてほしい。怒るのではなく、自分自身の「苦しいこと」を理解してほしい。可能なら、それを理解して、自分の「苦しみ」として表現するのを手伝ってほしい。そんな思いを抱えていたのかもしれません。

でも、親業を始めて二、三年の父は、そのことを「苦しいこと」の自己表現だと、十分には気づけませんでした。ただ、叱りつけるのはダメだと感じていたので、彼女の快や不快を理解しようと必死になっていました。十分にこちらの理解力があったかは、アヤシいです。でも、これも前章で述べた「子どもの意見表明権」に重ねて述べるなら、私たち夫婦が娘の「いやいや期」を「絶賛自己主張期」とラベルを貼《は》り替えたのは、娘なりの「自己主張」＝「意見表明」そのものとして受け取りたい、理解したい、と思っていたからでした。

そういう姿勢が伝わったからでしょうか。あれだけ「自己主張」を激しくしてきた娘も、公共空間でいわゆる「駄々をこねる」表現を、ほとんどしていません。お店で「これ買って！」と寝転んだり、電車の中で泣き叫ぶ、という表現です。なぜだかわかりませんが、普段から自己主張をする機会が家の中で十分にあって、親もなるべくその自己主張を受け止める時間を取ろうとしてきたからでしょうか。家で安心して自己主張できているから、外でことさらそうしなくてもよい、と本人が思っているからではないか、という「仮説」を立てています。

一方的にケアされる存在ではない！

お子さんのケア経験のない方がこれを読んだら、「うわっ、面倒くせ！」と思うかも知れません。その通りです。繰り返し書きますが、確かに子どものケアは面倒なのです。

でも、それ以上のなにかを、親は子どもから受け取っています。それは一体、なんでしょうか。

子どもはか弱い存在であり、かつ同時に、親を遥《はる》かに超える強さをもった存在でもあります。

四六時中世話やサポートが必要、という意味では、手のかかる、か弱い存在です。洗濯を一日に何度もし、掃除をしてもしてもあちこちに食べこぼしがあり、泣かれたら手を止めて対応する必要があるし、まあ、本当に手がかかります。でも、そうやって手間暇をかけるなかで、親が見過ごしていた「いのち」の本質のようなものを、圧倒的な存在感をもって思い出させてくれます。

子どもと近所の公園に出かけてみましょう。木漏れ日を浴びながら、砂場やジャングルジムで遊んでいる子どもをぼんやり見ています。時には子どもと一緒に砂場で山をつくったり、少し大きくなったら、ボール蹴りを一緒にしてみたり。こうやって、子どもと一緒に何かをしたり、子どもが遊ぶのをぼんやり眺めたりしていると、もちろん仕事はできません。でも、それまでワーカホリック（仕事依存症）的に働き続けてきた私にとっては、強制的に仕事の時間を断ち切ってくれる娘のおかげで、自分がいかに仕事中毒になっていたのかに気づきはじめました。

また、子どもと遊んでいると、仕事をしている時の緊張感がほどけていきます。ぼんやりして、子どもがきゃっきゃ楽しむのに同期していくと、こちらの心もほぐれてくるようです。一緒に走ったり、里山を登ったり、サッカーをしたり、と共に汗をかくうちに、すこーんと無心になります。あるいは、ご飯を一緒にたべたり、子どもが工作をして作ったものをみせてくれたり、お絵かきや折り紙を一緒にしたり。そういう、子どもと過ごす時間のなかで、親が「社会化」されるうちに置いてきぼりにしていた、純粋な喜びや面白さやワクワクさを、取り戻せるのです。

つまり、子どもへのケアをすること、子どもと一緒の時間を過ごすことによって、大切な何かを、親も受け取っています。すると、ケアは本当に一方的なのだろうか、という疑問も湧いてきます。だからこそ、子どもを公園につれてきながら、ずーっとスマホにかかりきりになって、子どもと遊べていない親御さんを見ていると、何だかもったいないな、と思うのです。子どもは「パパ、見て！」と何度も呼びかけているのに、そこに生返事しかしていないと、子どもへの応答ができていないのではないか。それはケア関係になっていないのではないか。そんな余計なお節介心も働いてしまいます。

二　自分へのケアと他人へのケア

子どもの「開かれ」

娘と一緒にいると、親の私に比べて遥かに柔軟性があるな、と感じます。それは、変に社会化されていないからこそ、「開かれ」ていると感じるのです。

例えば、朝の集団登校の集合場所についていくと、我が娘は色々なお母さんに話しかけに行きます。「今日は学童に行く」「明日は習い事がある」「新しい傘と長靴を買った」……。いや、そんな個人情報を漏らされてもなぁ、他のお母さんは迷惑ではないだろうか、など父はやきもきしているのですが、他のお母さん方は優しく「そうだったの」「可愛い傘だねぇ」などと応じてくれます。

もちろん、これは私の娘の社交的な性格ゆえ、かもしれません。でも、こども園に通っていた頃は、どのお子さんもわりと私に話しかけてくれました。特に私はそのこども園のサッカーなどの行事にたまに参加させて頂いていた縁もあって、「あ、〇〇ちゃんのお父さんが来た！」とよく子どもたちから呼ばれていました。そうやって子どもたちに声をかけてもらうとすごく嬉しくて、「おっちゃん、また来たでー」と子どもたちとやりとりをしていました。

子どもは身も心も、他者や世界に「開かれ」ています。親が笑っていると、ニコニコ笑い出します。そして、親が痛い、悲しい思いをしていると、その感情をスッと受け取って、親より先に泣き出したりします。新しい何かを覚えようとするとき、全身のエネルギーをその対象に向けていきます。娘が通ったこども園では、卒園記念親子ミュージカルがあって、親も子も、ミュージカル前は必死に練習しました。なかなか振り付けやミュージカルの世界観を体得できない親を尻目《しりめ》に、子どもたちは自分のパートだけでなく、他の友だちのパートもするっと覚えて舞台袖で踊り出し、ミュージカルの世界観にどっぷり浸《つ》かっていきました。

娘と比べると、私たち夫婦は、なかなか自分のパートを覚えられないし、全体像もしっくり身体に入ってきません。何度もダメだしされまくっていました。ダンスの素養もない私は、全体稽古に付いていくのに必死でした。ただ、振りかえってみると、それは私の運動神経や物覚えの悪さ、だけでは済まされないようにも思います。子どもは親と違って「開かれ」ているから、身体感覚や思考にリミッター（入力や出力の制限）を設定していないのではないか。これが現時点の私の仮説です。

娘はこども園の時代、先生方や友だちに応援されて、何でも挑戦し続けてきました。「できる」ことが増えて喜んでいました。「自分なんて」「どうせ無理」といったネガティブな気持ちを持たないままだったからこそ、可能性に開かれ、自分のパフォーマンスを開花させてきた。それが、親よりもミュージカルの世界にすっと入っていけた最大の理由ではないか、と思うのです。

自分の人生へのリミッター

では、大人はどうでしょう。私は小学校の頃から、運動神経が鈍くて、どんくさい、と自分で思い込んできました。確かにその部分はあります。でも、大人になって合気道やジョギング、山登りなどをしていると、基礎体力が付き、ぽっちゃり体型も多少引き締まってきました。すると、小学校の頃は苦手だから無理だ、と決めつけていたサッカーも、娘と一緒にできたりします。娘のサッカーに付き合っているうちに、四七歳になって人生で初めてサッカーのトレーニングシューズまで買いました（笑）。

つまり、私自身が子ども時代に、他人と比較して苦手意識を持ったり、失敗したり、自信をなくす経験をしたことによって、「○○はできない、不得意だ」と自分で決めつけていたのです。すると、それが自分のパフォーマンスの最大化の蓋になってしまいます。自動車やバイクで、一定の速度以上にスピードが出ないように調整するスピードリミッターのように、自分のできる可能性（出力）を制限していたのではないか。そして、「できない」と決めつけて、それ以上チャレンジしない（入力制限する）から、ますますできなくなるのではないか……。

そう考えてみると、色々合点がいきます。

大人になるプロセスで、適切な感情表現ができるようになるのは良いことだとされています。でも、嬉しさや楽しさ、悲しさや悔しさを隠したり抑えたりすることは、感情の出力の制限です。それは、感情表現にリミッターをかける、ということです。すると、確かに社会的にはなめらかに生きられるようになるでしょう。でも、そうやって感情を押し殺していくと、自分の中に押し殺し抑圧したマグマが溜《た》まる一方です。一方、娘は、その感情表現へのリミッターがまだ機能していません。腹が立ったら「プンプンや！」と言うし、悲しい時は泣くし、嬉しいと踊り出します。このストレートな感情表現は、彼女の出入力が制約されていないがゆえだ、とも言えそうです。

そして、子どもはしばしば無茶をします。こけたり、すりむいたり、ケガをしたりします。大人は慎重だから、無茶をせずに、ケガもあまりしません。不注意ではありません。一方、注意を払い、慎重になると、そこに制約が働きます。これは学習した結果が経験則となったのであり、一般的には良いことだと思われています。でも、裏を返せば、その経験則がリミッターや制約になります。「一度失敗したから止めておこう」は簡単に「自分には向いていない」に転化します。サッカーができない、運動神経が鈍い、と信じ込んできた私は、まさに、子ども時代の苦手意識という経験則が制約になっていたように思います。

でも、娘と喜んでサッカーをしていると、ボール蹴りが楽しいのです。今は動画で、初心者のサッカーの蹴り方も簡単に学べます。そうか、横蹴りをするとコントロールがしやすいんだ、とか、そういう基本的な事を知るだけで、できる事が増えて行きます。これは、娘と同じように、初歩的な学びです。でも、初歩的な学びを「面白い」と感じたら、そこから学びのプロセスをどんどん進化させていくことができます。娘がサッカーや縄跳び、自転車乗りに「夢中」になるのは、この学びのプロセスに入っているからだ、ともいえます。そして、私が「自分には向いていない」と制約をかけていたことが、自分の人生への最大のリミッターだったのだ、と気づき始めています。

忖度の危機

今、娘がリミッターをかけるかどうか、の瀬戸際にたっています。

最近しばしば、親である私に「怒っている?」と聞いてきます。こども園の頃までは、あまり親の顔色をうかがったり、「怒っている?」と尋ねることはありませんでした。でも、小学校に上がったあたりからでしょうか、親や周囲の人の状況に関心や注意が向くようになって、親がイライラしている事にも気づいて、それで自分の行動を変えた方がいいのだろうか？　と考えるようになったのです。それと同時に、親が注意すると瞬時に「ごめんなさい」と言い始めました。怒られたと思ったら、「ごめんなさい」を即座に言うのです。

この二つの現象を見ながら、父である私は「忖度《そんたく》の危機」ではないか、と感じています。

「忖度」とは、相手の心情を推し量ることだと辞書には書かれています。そして、実社会においては、相手が何かを言わなくても、「きっと相手はこういうことを考えて（感じて、思って）いるのだろう」と仮説を立てた上で、その仮説に基づいた行動をすることも指します。特に、権力関係にある上司と部下や教師と生徒の関係において、部下・生徒が上司・教師の実際の言葉を確認することなく、勝手に推し量って、上司・教師が好みそうな事をする。それは、政治家と官僚の関係において、社会問題になったこともありました。

前章で、「大人の顔色をうかがう・大人にとって都合のいい子」の話をしました。これは、積極的に親や教師など権力を持つ人の意向を「忖度」する「都合のいい子」のことだと思っています。そして娘が「怒っている？」と私に聞いてくるとき、あるいはこちらが注意したら即座に「ごめんなさい」と言うとき、彼女の中で、親に対する「忖度」が芽生え始めているのではないか、と恐ろしく感じています。

正直に言えば、私は葛藤しているのです。親が怒っていることを子どもが察知し、注意した瞬間「ごめんなさい」と謝ってくれた方が、親の私は、楽です。扱いやすい子どもになってくれるからです。でも、「扱いやすい子ども」とは、親が管理や支配しやすい子ども、という意味でもあります。それは、子どもが自発性や自主性を育《はぐく》み、親とは違う価値観や考え方を持ち、実行しようとする芽を摘むことでもあると思うのです。親の意向や顔色を常にうかがい、親に怒られない範囲に行動を制限する。やりたいことがあっても、それよりも親の顔色を先に見る。それって、親が子どもの可能性や自主性を奪う、という意味で、子どもの成長にとって親が最大のリミッターになり得る、とも言えます。

子どもが親の言うことを何でも聞いてくれた方が、親は楽だ。でもそれは、親のことを忖度する子どもに育てることであり、子どもの自主性や主体性を奪うことで、それは嫌だ。楽なことを選びたい気持ちはゼロではないけれど、子どもの未来を考えたら、そんな残酷なことはしたくない。相反する二つの気持ちが私の中で葛藤しているのです。

それは、子どもを親に服従させるのか、子どもの自律性の開花を支援するのか、という親への強烈な問いかけでもあると感じています。

作られた悪循環

「忖度の危機」にはもう一つの側面があります。親の顔色をうかがい、条件反射的に「ごめんなさい」というようになると、親も子も、自分の頭で考えなくなるのではないか、と感じています。

親は、子どもに叱りつける姿勢さえみせたら、子どもは自動的に言うことを聞いてくれます。なぜ怒っているのか、どうしてそれをしてはいけないのか、といった理由や道理を説明せずとも、黙って従ってくれるので、楽なのです。その一方、子どもの方も、とりあえず大人の言うことを、理不尽だと感じても黙って従えば良い、と考えるようになります。すると「どうせ世の中はそういうものだから反論しても仕方ない」という諦めや無力感を子どもに植え付けることになります。そして、親としては、子どもがそういう無力感を持つと、ますます支配しやすくなるのです。

でも、この両者の関係に決定的に欠けているのは自律性と対等性です。

自分とは違う他者が、自分の感じている、考えていることとは違うことを指摘、注意し、時には「やめなさい」と禁止する。それは非常に不快なことです。例えばテレビでアニメを見ている子どもにとって、親に「注意したいことがある」と言われても、テレビは見ていたいのです。それを、「話を聞け！」と勝手にテレビを消されたら、怒り出しますよね。でも、親は子どもに言うことを聞いてほしいから、テレビを消して子どもに伝えようとする。子どもはテレビを消された事に腹が立って、親の言うことが聞けない。すると、親はその子どもに腹を立てて、ますます怒り出す。子どもは、そんな親にキレて、泣き叫ぶ。

これって誰が悪いのでしょうか。親は子どもが悪いと考え、子どもは親が悪いと考えます。でも、一歩引いて考えると、親と子の「悪循環」の相互作用でもある、と言えそうです。親は子どもの自律性を尊重することなく、自分の伝えたいことがあるからと、本人に了解を得ることなく、反射的にテレビを消してしまった。子どもの方は、それほどまでして親が伝えたいことがあると了解することなく、勝手に消された事に気持ちが焦点化され、親に反射的にキレる。

このように反射的に行動する両者の悪循環に欠けているのは、自律的に考え、相手と対等に対話をしようとする姿勢です。それは、忖度とは異なります。自分とは異なる相手の言い分を、面倒くさくても聞いてみよう、という姿勢です。それが親にも子どもにも欠けているから、反射的に対応し、言い争いになります。親に忖度する子どもは、忖度するモードではない時には親の言うことが聞けず、ぶち切れるという二面性を持つようになるのではないかとすら、思います。

そして、言うことを聞けない子どもの姿は親の合わせ鏡でもあると、親になったからこそ、つくづく思うのです。親自身が、親や教師や上司に忖度してきた人生を歩んできたなら、自分の子どもにだって同じ事をしてもらいたい、と密《ひそ》かに望むのも、無理はありません。そして、忖度してくれない子どもに腹を立てます。反射的に忖度するように、「しつけ」をします。そして、その「しつけ」の結果として、意識的に忖度するか、無意識にキレるか、という子どもができあがっていきます。

これは作られた悪循環であり、それを作り出しているのは、そしてそれを変える事ができるのは、よりパワーを持っている親の側ではないか、と考えるのです。

偽解決を超えるために

親が子どもに忖度させる。そこには、子どもを気遣い、心を配るという意味での、子どもへのケアはありません。それだけでなく、親自身が誰かに忖度して生きてきた、という意味では、自分への気遣いや心を配る、という意味での、自分自身へのケアも欠けているようにも思えます。自分へのケアも他人へのケアも欠けているのが、忖度や「いい子」の構造にあるように、私には感じられます。

この悪循環構造を、どうやったら抜けることができるのでしょうか？　それは、親と子のコミュニケーションパターンを変えることだと思っています。社会学者の長谷《はせ》正人《まさと》さんは、悪循環を次のように定義しています。

「悪循環とは、ある人が自身の置かれている状況を問題のあるものとみなし、これを解決しようとする行動に出るが、この解決行動自体がとうの問題を生み出してしまうというメカニズムを持ち、しかもこれが反復的に繰り返されるものを言う。」
（長谷正人『悪循環の現象学』ハーベスト社、p79）

先ほどの例でも、子どもに注意をしたいからテレビを消す、という親の解決行動自体が、子どもの反発心をもたらし、子どもが親の注意を聞かなくなる、という「問題」を引き起こしているのでした。そして、注意をしたい子どもの行動が「問題行動」であっても、上記のような親の解決行動は、結果的に解決に繋《つな》がらないという意味で、「偽解決」であるとも、長谷さんは指摘します。そして、この「偽解決」を超えたければ、「コミュニケーションパターンを変える」ことが重要だ、と彼は言います。そして、このコミュニケーションパターンを変える責任は、親子関係であれば、子どもにではなく親の側にある、と私は考えます。

「ちょ、ちょっと待ってよ。悪いのは子どもじゃないの？　私は悪くないよ！」

そういう大人の反論も聞こえてきそうです。もちろん私もそう思うことがしょっちゅうあります（苦笑）。でも、子どもと大人では、どちらの方が、会話の流れ全体を捉える余裕があるでしょうか。会話のやり方を変える決断力を持っているでしょうか。明らかに大人の方、ですよね。

偽解決とは、自分の正しさに重きを置き、子どもに謝らせたいなどの自分の獲得目標にこだわるがあまり、実際の子どもの行動変容には結びつかないことを指しています。そして、親が本当に求めるのは、謝罪させることではなく、子どもが親の注意を受け入れ、実際の行動を変えてもらうことです。であれば、子どもが言うことを聞けない叱り方やしつけには、全く意味がないことになります。

「私は悪くないのに、私が先に変わらなければならないなんて、おかしい！」

そう思う大人の気持ちも、痛いほどわかります。でも、申しわけないのですが、それは子どもに忖度を求める気持ちと同じで、親が自己中心的になり、子どもの主体性や思いを気にかける余裕がなくなっているようにも思えます。子どもは、自分の快／不快を自分でコントロールしにくいから、親のサポートが必要なのです。子どもの自主性を育みたければ、親の方が一歩子どもの方に歩み寄って、子どもが受け入れられる注意の方法を探る。それは、子どもへの妥協でも、子どもへの甘やかしでもなく、子どもへのケアで大切なポイントであるように思います。そしてそれは、親が、自分自身へのケアを考える上でも、大切なポイントだと感じています。

三　他者へのケアの前に

支援か支配か？

先ほども述べましたが、子どもは身も心も、他者や世界に開かれています。開かれている、ということは、自己中心性に凝り固まらず、自分以外の他者の世界観も知りたい、という思いに溢《あふ》れています。ただ、実際に接する人も限られているので、他者の世界観を知らない、わからないのです。

その時に、親の正義感で子どもを屈服させたり、親の正しさを子どもに説得しても、子どもはそこから自発的に学習することはなさそうですよね。あるいは「腹が立っても親に黙って従うしかない」と、「開かれ」た感覚に蓋をして、服従するだけの子どもになるよう「学習する」のかもしれません。でも、それは支援ではなく、支配ですよね。

子どもと親の関係性において、「支配」関係と「支援」関係のどちらになるのかは、重要な分かれ道ではないか、と私は思っています。そして、大人を「忖度」し続けた結果として、「迷惑をかけるな憲法」に従っている学生たちを見ていると、子ども時代から親や教師などの大人に「支配」され続けていて、自分自身の考えを述べるように「支援」されていない、とも感じています。そして、この悪循環を超えるためには、大人のコミュニケーションパターンをどう変えるか、が問われています。

子どもを、服従させる存在ではなく、意見表明の主体者として尊重する。ならば、大人である親が取るべき行動は、相手の自律性や主体性を尊重し、対等な立ち位置で対話をすることです。テレビを見ている子どもに注意をしたいなら、まずは「話したいことがあるのだけれど、テレビを消してくれない？」と尋ねることから、はじめる必要があります。真剣な表情でそう伝えた上で、テレビを消してもらい、相手にわかるように、こちらが注意したい内容を伝えることです。その上で、子どもの言い分にも真剣に耳を傾ける。その手間を惜しまず、本人も納得できる話し合いをした後に、相手に行動変容を促《うなが》す必要があります。

このプロセスを「他人行儀だ」と思う人もいるかもしれません。でも、それは家族を「他者」だと認められていないのです。家族は、血縁関係にあっても、自分とは違う人です。家族は自分とは違う他人だ。じゃあどうすればいいのか？　この問いからはじめる必要があるのです（この部分に興味がある人は、『家族は他人、じゃあどうする？　子育ては親の育ち直し』〈現代書館〉という別の本に詳しく書いているので、そちらも読んでみて下さい）。

繰り返しになりますが、子どもは他者に「開かれ」ています。親にも「開かれ」ています。親が、子どもの自律性や主体性を尊重し、対等な立ち位置で対話しようと試みると、そのコミュニケーションパターンを、子どもは学習し、真似しようとします。逆に、親が子どもの自律性や主体性を無視し、支配―服従関係として命令口調で話すと、子どもも命がけで反発するうちに、いつしか他者に命令口調で話すように、学習していきます。そのコミュニケーションパターンをどう作るのか。それが親子関係の肝であり、それは子どもより長く生きている、親にこそ問われているのです。

関係性のダンス

その意味で、子どもの言動にムカっとくるとき、それは親がどのように生きてきたのかへの強烈な問いかけでもあるのです。そして、その自分への問いかけに向き合いたくない時ほど、その問いに蓋をするために子どもを強い調子で叱り、黙って従わせているのかもしれません。あたかも、自分の醜い、見たくない影を服従させるかのように。

そう、親と子は、関係性のダンスを踊っているとも言えます。そして、親として痛感するのは、子どもの方が、親より遥かに関係性のダンスの踊り方が上手いのです。小さな子どもは、自分自身や未来へのリミッターを、まだ持ち合わせてはいません。だからこそ、全力で親にもぶつかってきます。もちろん、その全力は、物理的にも精神的にも未熟だから、親にとっては「非力」に映ります。でも子どもが親に全力でぶつかってきている、という意味では、ガチで親とダンスを踊ろうとしているのです。

その際、親は子どもが非力で未熟だからと、子どもを簡単にあしらったり、叱りつけたり、押さえ込んだり、無理させたり、聞き流したりして、子どもとの関係性のダンスを踊ろうとせず、あるいはおざなりにすると、どうなるでしょうか。子どもは、親から学びます。親の姿勢は、子どもにも伝染します。すると、親の言うことをあしらったり、聞き流したり、おざなりにする子どもになります。そして親がそれに激怒しても、子どもはそんな親の影＝似姿なので、自分を怒っているだけです。そして、怒鳴り散らしても、結果的に子どもが聞き流して、という悪循環が増幅していくのです。

偽解決を超えるためには、親の側がコミュニケーションパターンを変える必要があるのでしたよね。それは、親が自らの至らなさや未熟さ、非力さを、子どもの問題ではなく自分の問題として引き受けることなのではないか。それが、親子間のコミュニケーションパターンを変える第一歩だと私は考えます。「目の前の子どもが問題だ」と感じている親の側に、関わりの問題はないか。そんなふうに問いを反転してみるのです。

すると、関係性のダンスの踊り方が変わりはじめます。今までは、一方的に子どもが問題だと叱っていたとしても、「そのような行為が続くのは、親の関わりに問題があるのではないか」と矢印が相手ではなく自分に向き直すのです。それは、ある意味恐ろしいことです。自分が正しいと信じてきた根拠が崩壊する危機にあるからです。

一方、子どもは「自分の正しさ」に親ほどこだわってはいません。それはもちろん経験値が低いから、というのもあるかもしれません。でもそれより、可能性に開かれているから、と私は考えます。自分の立場やプライドに固執することよりも、素直に相手の言い分を聞いて、納得できたら行動を変えてくれます。そのような相手の「開かれ」に出会い、それを尊重すると、大人が忘れかけていた、プライドや立場の陰で干からびかけていた、相手の言い分を素直に受け取る謙虚な感覚を取り戻すことができるのです。

つまり、子どもに目線を合わせ、子どもの自律性を尊重しながら関係性のダンスを踊っていると、子どもは大人が忘れ去った、蓋をしていたことに気づかせてくれます。まさにそれって、子どもが親をケアしている、とも言えそうです。

同調圧力に異を唱える

ここまで書いてきた事を読んで、「大人」の読者はモヤモヤを深めているかもしれません。「他人に迷惑をかけてはいけない」「子どもはしっかりしつけなければならない」「忖度して行動しなければならない」と思ってきた方は、特にそのむかつきが最大化している可能性があります。大学生と話していても、「なんか、先生の言うことがむかつく」と言われることもあります。

でも、そういう時って、必ず聞き返しています。「三歳のあなたは忖度していましたか？」と。していなかったよね、と。そして、たぶん小学校高学年とか、中学生になったあたりから、強烈に「迷惑をかけてはいけない憲法」に縛られるようになったんだよね、と。それは一体、なぜでしょうか？

私はその理由として、一〇代に入ると、急激に世間の同調圧力が強まるからではないか、という仮説を持っています。我が家の前に公立の中学校があります。引っ越してきて目を疑ったのは、四月に入学したての子どもたちに、「右向け、右」「前へ進め」「止まれ」といった軍隊式の行進を未《いま》だに教え込んでいたのです。これはその学校に限ったことではありません。中学校学習指導要領（平成二九年告示）保健体育編の解説にも「集合、整頓、列の増減、方向変換などの行動の仕方を身に付け、能率的で安全な集団としての行動ができるようにする」と書かれています。

でも、考えてみてください。「能率的な集団行動」って、誰のためにあるのでしょうか。これは明らかに、子どものためというよりは、能率的に集団を支配したい大人のためにあるのではないでしょうか。そして、このような軍隊式の行進を子どもたちの身体に刷り込むプロセスの中で、「集合、整頓、列の増減、方向変換などの行動の仕方」以外にも刷り込まれていくと私は感じています。理不尽に感じても、違和感を持っても、パワーのあるものには黙って従え、という服従心です。それは髪の毛やスカート、下着まで事細かく指示する「ブラック校則」への服従とも全く共通するものです。

このような服従する心が一旦刷り込まれてしまうと、忖度や同調圧力も容易に受け入れるようになります。「どうせ」「しかたない」と諦めるのが、服従や自発的隷従の前提にあるのですから。また、中高の現場で、そのような大人による同調圧力や支配―服従関係のダンスを踊ると、子どもたちは、溌剌《はつらつ》さを捨て、言われたことに盲従することで、大人に応えようとします。

しかし、今それに抗《あらが》う子どもたちも、増え始めています。全国の公立高校の校則を、情報公開請求をして収集し、それをウェブ上で「全国校則一覧」として公開している取り組みがあります。しかも、これは現役の高校生が運営に携わっています。こういう同調圧力に違和感を突きつけ、論理的な根拠をもって変えていこうとする子どもたちは、わがままで我が強く協調性のない子どもなのでしょうか。それとも、自分の主体性や意思をしっかり持ち、他人と意見が異なっていようとも、自分自身の主体性や軸は揺るがない子なのでしょうか。こういう子どもは、「いい子」とは言えないのでしょうか。

誰へのケア?

ケアの本のはずが、またケア以外の寄り道をしているように、思われるかも知れません。でもご安心ください。これまでの話は、ケアの根幹に関わる話なのです。

これまで書いてきたことは、子どもと大人がどのように関わり合うか、という関わり合いの方法についてでした。娘が「怒っている?」と親の私に聞いてくるとき、あるいはこちらが注意したら即座に「ごめんなさい」と言うとき、親子間で「忖度関係」が生じる危機にある、とも述べました。そして、親がその忖度関係に安住してしまうと、親子間は悪循環にはまり込んでしまう。そこから抜け出すには、支配―服従関係に大人側が自覚的になり、そこから距離を取る必要がある。そして、これらのことは、子どもに求められる変化ではなく、まず大人こそが変わらなければならない変化であるとも整理しました。

子どもを気にかけ、気を配るケアをしようとするならば、一方的な押しつけは、百害あって一利なし、です。子どもは何を感じているのか、考えているのか、望んでいること、してほしくないことは何か。まず、それを子どもに聞いてみる必要があります。

ただ、大人にはその余裕があるのでしょうか。子どもが自分の思いを素直に伝えてくれるのは、親が受け取ってくれるはずだという安心感があるからです。その安心感を親や大人が潰してしまえば、子どもにとって本音を言うのは危険になるので、言わなくなります。本音を言うより、「迷惑をかけるな憲法」に従って、目立つことをさけ、その場をやりすごそうという心性がはびこるようになります。そして、それは子どものパフォーマンスの最大化とは真逆の、子どもの可能性にリミッターをかけることになります。

でも、実は大人だって、本当はそんなことはしたくなかったのかもしれません。大人の自分だって子ども時代に、親や先生に話を聞いてもらえなかった。家が安心できる場所ではなかった。自分のパフォーマンスの最大化が邪魔された。親や教師や世間から自分の可能性にリミッターがかけられた……。そんな経験を持つ大人もいると思うのです。実は、他者をケアする経験とは、自分がどのようにケアされてきたか、あるいはされてこなかったか、を見つめ直すきっかけにもなります。

あなた自身は、大人から、どのようにケアをされてきたでしょうか？　それは満ち足りたものだったでしょうか？　自分が充分に開かれたり、受け止められたり、可能性を高めるためのケアをされてきたでしょうか？　こういったことを見つめ直すのは、自分が蓋をしてきた「心のかさぶた」を剝がすようなことであり、ある種の痛みや傷つき、あるいはトラウマと向き合うつらさを感じておられる人も、いるかもしれません。子どもに感情的に怒り出したり、腹立たしさが収まらない時、それは自分自身の余裕のなさだけでなく、自分の見たくない影に直面する恐怖からかもしれません。

でも、自分へのケアができない中で、他人をケアすることって、可能なのでしょうか？

四　互いが気にかけあう

自分へのケア

自分へのケア。大人向けの広告なら、育毛剤や美容液、栄養ドリンクや健康補助食品などの、「足りない、欠けた、失われた何かを補強する商品」が思い当たりそうです。あるいは、自己啓発本には、自信を取り戻すとか、したくないことをしないなど、奪われた何かを取り戻す方法が、書かれています。ありのままの自分を認めよう、とか。

これらに共通しているのは、何かと比較して、満ち足りていない、欠けている、奪われている「いま・ここ」の状況、という前提です。しかもそれは、他者と比較して、です。あるいは、かつてできていた自分との比較、です。ただこれらの比較は、六歳の子どもの比較とは、だいぶ様子が違うようです。

基本的に、六歳の子には、できないことの方が多いです。とはいえ、満ち足りていないとか、欠けている、あるいは、奪われているわけでもありません。娘はその状態をそのものとして、受け止めています。学校の宿題でひらがなのプリントを出された時、「る」とか「よ」などの難しいカーブを上手くかけず、何度も消したり、「できひん！」「どうすればいいの⁉」と怒りまくったりします。でもその時に、他者や自分の過去と比較して怒っているのではありません。純粋に「いま・ここ」と向き合っています。親が応援しながら、少しずつ「る」という字がそのものとして書けるようになると、「できた！」と純粋に喜びます。

ただ、これは「できないことができるようになった喜び」と単純化しない方がよいと私は思います。もちろん、自転車に乗れるようになった、縄跳びを跳べた、ひらがなで名前を書けた、のは純粋な喜びです。でも、できない状況と比較して〇〇ができた今の自分の方がよい、という他者やかつての自分との比較で喜んでいるのではない、と娘と接していて感じます。それは、おいしいご飯を食べた時とか、公園で友だちと走り回ったとか、そういう「いま・ここ、で湧き上がる純粋な喜び」なのではないか、と思うのです。そして、何かと比較することのない、「いま・ここ、で湧き上がる純粋な喜び」

こそが、「自分へのケア」の原動力になっているのではないか、とも思います。

「あるべき・望ましい姿」に近づいたから嬉しい、というのは、「○○ができる方がよい」という意味で「能力主義的な喜び」です。一方、六歳の娘は、そういう世間や広告が押しつける「あるべき・望ましい姿」と自分を比較した上で、それに近づけた、と喜んでいるのではありません。純粋に自転車をこぐ楽しみ、縄跳びを跳ぶ喜び、ボールを蹴る躍動感、を感じています。これは、「いま・ここ、で湧き上がる純粋な喜び」です。

もちろん、それを一人で感じることもあります。でも、子どもはそういう「いま・ここ、で湧き上がる純粋な喜び」を感じる瞬間に、「お父さん、お母さん、みて！」と親にもシェアしてくれます。前は何でそんなに親をしょっちゅう呼ぶのだろう、と不思議でした。でも、それは「純粋な喜びを、自分が大切にしている人とわかち合いたい、認めてもらいたい」ということだと、気づきはじめました。つまり、自分へのケアは、他者からのケアとセットになる中で、喜びや嬉しさの気持ちが豊かになるのかもしれない、と。

共に思いやること

ジョアン・トロントという政治学者は、ケアには五つの種類があると言っています。

一、関心を向けること（Caring about）
二、配慮すること（Caring for）
三、ケアを提供すること（Care giving）
四、ケアを受けとること（Care-receiving）
五、共に思いやること（Caring with）：複数性、コミュニケーション、信頼と尊敬、連帯感

（Joan C. Tronto, *Caring Democracy: Markets, Equality, and Justice*, NYU Press 2013 p34-35）

このうち、「ケア」という言葉で従来言われてきたのは、一～四の内容です。娘と私の話で言うならば、娘が何をしているのかに注意を向け（Caring about）、娘が危険な目

に遭わないように親としての責任を持つこと（Caring for）が求められています。親としての私が、娘へのケアを提供する能力（Care giving）が必要とされ、娘は親の私からケアを受けることによって応答性を示す（Care-receiving）という関係性がありました。これは、子どもへのケア、だけでなく、高齢者や障害者のケアなど、広く一般的に言われてきたことでもあります。

トロントさんの慧眼《けいがん》は、そこに「共に思いやること（Caring with）」という五つめの視点を付け加えたことです。そして、この「共に思いやること」には、「複数性、コミュニケーション、信頼と尊敬、連帯感」というキーワードが並べられています。これは一体、どういうことでしょうか。

娘と私の例で言うと、私は娘を思い通りにケアできません。彼女は、赤ちゃんの時から、私とは違う、私の支配できない何かを持った他者であり、彼女と私が関わると、単数ではなく複数の視点になります。私は彼女独自の視点を理解するために、彼女とのコミュニケーションを豊かにしていきます。そのプロセスの中で、彼女は私を信頼し、尊敬してくれます。私も、自分とは違う娘の視点や考えを理解する中で、彼女への信頼や尊敬を深めていきます。このような「共に思いやること」を通じて、娘との間で連帯感が生まれてきます。そして、トロントさんは、このプロセスこそ、民主主義の根幹にある、という意味で、「ケアを中心にした民主主義（Caring democracy）」だと述べています。

トロントさんのこの本は、子どもが生まれた直後から始まった研究会で読んできたので、赤ちゃんをスリングで抱きながら、必死に読んでいました。そして、この六年かけて、トロントさんの言うことを、我が事として理解できるようになってきました。娘や妻と共に思いやろう、共に生きようとすると、私自身の生き方を問い直さざるを得ません。子どものペースに合わせるためには、私は子どもが生まれる前まで詰め込んできた仕事のスケジュールを大幅に見直す必要がありました。娘や妻の信頼や尊敬を得るためには、私自身の生き方を、ワーカホリックモードから、大きく変えなければならなかったのです。そして、それは「ケアを中心にした民主主義（Caring democracy）」の根幹にあると思っています。

with-nessで生活を回す

この本の冒頭に書いたように、洗濯物や洗い物が溜まっていない、きちんと片付けられている、消耗品のストックが買いそろえられている、冷蔵庫には賞味期限切れのものはない……といったことは、誰かが気にかけないと維持されない、という意味で、ケアでした。そして、それは現在の日本社会においてなお、女性が男性より中心的役割を担っている家族も多いのではないかと思います。私自身、子ども時代は母親にお任せでしたし、一人暮らしを経て結婚した後に、私も分担してはいましたが、妻にお願いする部分が大きかったのは、偽らざる事実です。

でも、子どもが生まれた後、妻は子どもの命を守るために二四時間態勢でかかりっきりになっていると、その妻と子どもを誰がケアするのか、が私に問われました。妻は母を早くに亡くし、京都に住む私の母は、五時間かけて当時住んでいた山梨《やまなし》まで手伝いに度々《たびたび》来てくれましたが、母が来られないときは、私がするしかありません。私はそれまでも家事は積極的にしている、と思い込んでいましたが、このような「生活を回すためのケア」までは十分にできていないことを、思い知らされました。「洗濯機にヘドロが付いているから、そろそろカビ取りをしなくちゃ」「洗剤の詰め替えは、ネットで注文すればよかったっけ？」「酢と醬油《しょうゆ》がなくなりそうだから、早めに買っておかなくっちゃ」……。そのたびに妻がどうしてきたのかを聞きながら、「生活を回すためのケア」を一つ一つ、自分に身体化していきました。このような下支えをする事なく「イクメン」などと言われることは、嘘《うそ》くさいしとても自分でそう言えない、と思い知らされました。

その後、仕事を減らしたこともあり、「生活を回すためのケア」を妻と共にするようになって、私のケアへの考え方はがらりと変わります。誰かと共に思いやるためには、それなりの時間を確保しないと、とてもじゃないけどできないのです。幸か不幸か子どもが三歳の頃から、コロナ危機が世界中を覆いました。多くの人が在宅勤務でしんどい思いをしていましたが、私は子どもが生まれてから、出張をほぼ全《すべ》て断ったので、Zoomでのオンラインのミーティングだけが、社会との接点になっていました。Zoomなら、子どもが寝た後とか、子どもをお風呂に入れる直前とか、の細切れ時間で対応することが可能だったからです。

そうやって、移動のコストを切り、オンラインでできる範囲に限定し、仕事を徹底的に効率化しながら、子どもや妻と「共に思いやる」時間を増やしました。そのおかげで、子どもや妻とのコミュニケーション、信頼と尊敬、連帯感を持つことができました。仕事人間だった私の理屈を押しつけることなく、妻や子どものそれぞれの価値観を尊重する、という意味での複数性を担保できたのは、私が仕事を減らしたからでした。

子どもへのケアを提供するために時間配分を組み直し、仕事の時間を減らす、という「共に思いやる（Caring with）」発想は、まさに私の生き方を問い直すことでもありました。研究者として生き残るために、「○○について考える」と、問題を対象化して考えるabout-nessの思考で、それまでの私は生きてきました。でも、娘や妻とケアを共にする（Caring with）は、それではうまく成立しません。私は生き方自体を、「○○についてあなたと私が共に考え合う」という意味でのwith-nessの方向に変えていったから、娘や妻ともつながることができたのです。それは私が「生活を回すためのケア」に一緒に取り組んで来たからでもあります。

何を見ようとしてこなかったのか

私は、ケアを面倒くさいと思うことで、様々なことを見ないようにしてきました。考えることを避けてきました。

それまでの私は、自己責任論に囚《とら》われていました。努力すれば、報われる。逆に言えば、努力しなければ、報われなくても仕方ない。障害者福祉を専門にして、努力してもなんともならない状態で生きている人々の暮らしについて考えたり書いたりしてきたのに、自分の人生自体は、努力信仰や自己責任論で凝り固まっていました。それは、障害者福祉の領域を、問題を対象化して考えるabout-ness思考で捉えて、「○○すべきだ／しなければならない」という義務的・規範的な（should/mustの）言葉で文章を書いてきたことにも表われています。確かに、それは「正しい」語りです。とはいえその「正しさ」は、私が生きている実感から出てきた、というよりも、尊敬する障害当事者リーダーの語りや、他の優れた研究者の語りを借りている部分があったと思います。

でも、娘や妻とのケア関係を引き受けてみて、私自身が社会を見る目の解像度がずいぶん変わってきたように思います。子どもの視点と、親の視点は違います。どちらにも、それなりの理屈があります。子どもが生まれてからの六年間は、子どもの声そして障害者や高齢者の声を聞き、それを大切にしたいという思いを強くする一方、子どもや障害者や高齢者をケアする家族の声を知ってしまい、一見すると対立するような異なる声に引き裂かれそうになる経験を続けてきました。

でも、実はそのような引き裂かれそうな葛藤こそ、「共に思いやる世界」の前提なのです。あなたと私は違う存在で、違う思いや価値観を持っている。でも、ケア関係を結ばざるを得ず、それゆえ、複数の価値観、思いを共有せざるを得ない。どうせなら、そのケア関係を豊かに展開していくプロセスにおいて、コミュニケーションを豊かに交わし、信頼と尊敬を抱きあい、連帯感を高める中で、お互いの人生に豊かに関わりあっていこうじゃないか。そんなふうに、思えるように変わってきました。

その視点で、それまでの私の五〇年近い人生を振りかえると、なんとモノローグのような、孤立した生き方に囚われていたのだろう、と改めて気づかされはじめたのです。

第三章　ケアが奪われている世界

一　ケアのないわたし

ケアレスとはなにか

ケアレスミス、という言葉がありますよね。不注意で招いたミス。本当はわかっている、できる事のはずなのに、不注意で、ぼんやりしていて、気が散っていて……うまくできなかった時に使う言葉です。

この原稿を書いている時点で四八歳（一九七五年生まれ）の私自身は、振りかえってみると、長い間、自分に対してケアレスだった、と思っています。自分に対して不注意で、ぼんやりして、気が散っている。それは一体どういうことでしょうか。裏を返せば、私は自分以外の何に対して注意を払い、ぼんやりせず、気持ちを集中させていたのか、という問いでもあります。

この問いは、六年前に子どもが生まれる前まで、私には全く浮かびませんでした。私は、自分に対してケアレスだったということにすら、気づきませんでした。それほど、自分以外の「何か」に自己同一化するように、そちらを気にかけ、徹底した注意を払い、意識も気持ちも集中させてきたのです。それは一体何なのか。

私がずっと気にし続けていたのは、「他者比較と他者評価」でした。

私はずっと、他人と比較する癖が内面化されて生きてきました。思い出してみれば、小学校の段階で、既に「自分はどんくさい（運動神経が鈍い）」からサッカーや野球などではみんなに迷惑がかかる、と思い込んでいました。友だちがサッカーや野球をしようと誘いにきても、私よりも運動神経のよい三歳下の弟を差し出したことさえありました。でも、この文章を書いていてやっと気づいたのですが、友だちは私が「どんくさい」ことを知りながらも、誘いに来てくれたのです。ということは、そこまで私自身が卑下し、気負う必要はなかったのです。にもかかわらず、「足手まといだから」と思い込んでいました。これは、「他者比較」から来る思い込みです。

また、これも恥ずかしい話ですが、私は少し前まで「大学偏差値チャート」を物事を判断する基準にしていました。偏差値六五とか、東大医学部が偏差値最上位という、予備校業界が作っているモノサシです。中学で猛烈進学塾にうっかり入ってしまって以後、私の中では、どの高校や大学は偏差値がいくつで、自分はいまどのポジションにいて、どれくらいの偏差値になればどの大学に入れて、ということに文字通り呪縛されていきます。「京都大学合格者数日本一」という進学校になんとか入ったものの、浪人しても京大に届かず大阪大学に入ったとき、「しょせん大阪大学なんて！」という自己卑下をする鼻持ちならない、でも内心は傷ついていた大学生でした。そして、他者の学歴を見聞きして、その学歴だけで他者をこっそり格付けするような「嫌な奴」だったのです。それも、他者比較や他者評価の内面化です。

そして結論から申し上げると、そういうふうに他者比較や他者評価に躍起になって、そこにのみ注意や気持ちを集中させていくと、自分自身の内面に対してケアレスな状態になります。すると自分や他者へのケアを欠くことになり、他者と共にケアのできない状態になります。自律的ではなく、他律的な存在になってしまいます。それは一体、どういうことでしょうか。

同調圧力と「空気を読む」

二〇〇五年に大学教員になって以後、ずっと気になっていることがあります。それは同調圧力と「空気を読む」ということです。「他者比較と他者評価」と、同調圧力や「空気を読む」ことには、密接な関係があります。

第一章で「迷惑をかけるな憲法」の話をしました。この「他人に迷惑をかけてはならない」というのは、日本社会でものすごく強固にはびこる同調圧力の一形態だと思っています。第一章の原稿を読んでくれた私のゼミ生は、「他人に迷惑をかけたくなさすぎて、他人が迷惑をかけてもいいよといってくれないと、自分は迷惑をかけられない」と伝えてくれました。これも、わかります。

大学一年生の基礎ゼミ（少人数クラスのホームルームのようなもの）を担当し、最初の講義で自己紹介してもらうと、必ずこんな発言が聞こえてきます。「話しかけてもらったら何でもしゃべるんで、遠慮なく話しかけてください」。つまり、自分から話しかけにいくと相手に「迷惑をかける」かもしれない。でも私自身は「話しかけられることは迷惑ではない」ので、あなたから「話しかけてほしい」と、「他人は私に迷惑をかけてもいいよ」と伝える発言です。

大学一年生なんてみんな知らない人同士なんだから、気軽に話しかけたらいいじゃない。以前はそう思っていました。でも、中学高校で培われた「他人に迷惑をかけてはならない」を同調圧力として内面化してきたのなら、この一線を越える事は、「憲法違反」になります。とはいえ、友だちはほしいし、一人だと淋《さび》しい。すると、「話しかけてくれたら喜んで応じる」という受け身姿勢で「他人が迷惑をかけてもいいよ」と宣言することによって、「憲法違反」にならずに、友だちを増やそうとするのです。

これは、高等な「空気を読む」戦略の一つかも知れません。「迷惑をかけるな憲法」という不文律を共有しているからこそ、その「書かれざるゲームのルール＝空気」を読んだ上で、そのルールの範囲内で友だちを作りたい、という姿勢です。でも、そんな「空気」が作られるのは、その「書かれざるゲームのルール＝空気」を破ってはならない、という同調圧力が強いからです。そして、それを破る「空気の読めない人」を他者比較の中で突き止め、「からかい」や「いじめ」によって教室から排除したり、その雰囲気に馴染《なじ》めず不登校へと追いこんでいく中で、より「同調性」が強まっていくのです。

　これは二〇二〇年のコロナ危機当初の「自粛警察」と共通すると思います。マスクをしていない人を糾弾する、他県ナンバーの車が停《と》まっていると「他県ナンバーお断り」の張り紙をしたり、車を傷つけるなどの現象がありましたよね。あるいは、二〇二三年四月以後、学校でもマスクの規制をしなくなり、五月に五類に移行した当座、街中では、あるいは自転車に乗りながらも、マスクをしている人の数が夏になるまでなかなか減りませんでした。感染症への恐怖や基礎疾患を持つ人がマスク対策をする、というのはわかります。でも、それ以上に、「迷惑をかけるな憲法」に大学生だけでなく大人も強固に縛られていて、それを遵守できない人は罰しても良い、という「空気を読む」同調圧力の風潮が「自粛警察」を産みだしたのではないか、とすら思えるのです。

多様性やインクルージョン（社会的包摂）といったSDGsの用語がこれだけ叫ばれ、小学生でも学んでいる一方で、自粛警察や「迷惑をかけるな憲法」も同居している。多様性のかけ声と、同じ事をせよという無言の圧力が、対立せず共存している。これは一体どういうことなのでしょうか？　そのことを考える際に、自己責任論という補助線を入れると、わかりやすくなります。

他人に迷惑をかけない範囲では、何をしてもよい。でも自己責任論が原則だから、他人に迷惑をかけてまでしてはいけない。この論理を逸脱した人は、ネットでしばしばバッシングに遭います。例えば乗降に介助が必要な障害者が無人駅まで行きたい、と述べたところ、ＪＲの駅員にそれはできない、と言われて揉《も》めたケースがありました。その後、ご本人がその顛末《てんまつ》をブログに書いたところ、「事前連絡がない」「駅員への感謝の言葉がない」といったバッシングや誹謗《ひぼう》中傷にあったそうです。[1]これは一体、どういうこ

1　「わきまえる障害者になりたくない」ＪＲ東の対応に声上げた、車いすの伊是名夏子（いぜななつこ）さん https://globe.asahi.com/article/14328819

とでしょうか。

「迷惑をかけるな憲法」と自己責任論で説明すると、こうなります。自分一人で電車に乗れる人なら、無人駅でもどこに行っても良いし、直前に電車に飛び乗ってもよい。でも、自分で責任を取れない、つまり駅員による乗降介助が必要な障害者は、「過度な迷惑をかけない範囲内」で電車に乗るべきだ。そして、駅員に迷惑をかけるのだから、事前連絡も必要だし、迷惑をかけた後は、感謝してあたりまえだろう。こういう論理です。

一見すると「もっともらしい」論理ですが、よく考えたらすごく変です。なぜなら、この自己責任論って、突き詰めていえば、「自分でできる人は何をしてもいいけど、自分でできない人は何もするな」という排除の論理だからです。そうすると、障害者だけでなく、六歳の我が娘や、最近足腰が弱くなった八〇歳の私の父も、「自分一人でできる範囲に限定して行動せよ」となります。さらに言えば、「自分でできているつもり」のマジョリティと称される人々であっても、エレベーターや自動車、自転車、飛行機など、移動において「自分以外の何か」に頼っています。マジョリティ（＝既に配慮されている人びと）が依存する環境は許容されて、それ以外の人の依存する環境は許容されない、というのは、何だかダブルスタンダードにも思えます。

でも、こういうことを講義で話すと、反論する学生が必ず出てきます。曰《いわ》く「私たちだって必死で頑張っているのに！」と。そう、自分たちだって、限界ギリギリまで頑張っている。駅員だって、少ない人数で必死に働いている。なのに、そのことを忖度《そんたく》せず不平や不満を述べ、駅員に配慮しないなんて、「自分たちの頑張りを評価されていない」ようで、腹が立つ。他人を頼らざるを得ないのだから、もう少し身の程をわきまえよ、と。

この「わきまえ」というのもくせ者だと思っています。自己責任でできる範囲を理解し、それ以上のことは高望みするな、といった、自分の可能性へのリミッターとしての「わきまえ」に私には思えるからです。みんなで助け合って、無人駅でも乗り降りを手伝うなど、「できる一つの方法論」を考え合えばよいのに、「できない一〇〇の理由」をまくし立て、最初から拒否する。それを受け入れる。これが「わきまえ」だとしたら、それもある種の同調圧力であり、「空気を読む」という行為です。そして、その「空気」に異論を示すと、「わきまえのない障害者」とレッテルが貼《は》られる。

実はこの社会構造自体が、ケアレスだと私には感じられます。そして、このケアレスな社会構造への異議申し立てを、「わきまえのない障害者」の「わがまま」とラベルを貼ることにも、「事なかれ主義」の暴力があるようにも、思います。

ケアレスな社会

「迷惑をかけるな」「わきまえろ」。こういった命令形は、他者や世間による、自分自身の可能性へのリミッターとなっています。自分がしてみたいこと、興味のあること、気になっていることも、「迷惑をかけるな」「わきまえろ」といった他者比較や他者評価の基準で自己点検し、その範囲内でやっても許されると確信が持てたらする。そうでなければ諦める。

このように、自分自身の可能性にリミッターをかけていくと、どうなるでしょうか。自分自身が他者の顔色をうかがい、理不尽にも耐え、言いたいことも言えず、やりたいこともやらず、他者の意向を優先し、我慢し、それでも地道にコツコツ努力している。周りを見回せば、みんな同じように「迷惑をかけるな憲法」に従っている。それが「当たり前」なのに、その憲法を無視して、自己主張をしたり、わきまえなかったり、好き勝手にしている（ように見える）人は許せない。自分はこんなに頑張っているのに、わきまえない人をみると、自分自身のことが自己否定されているようで、許せない……。こんな思いが背景にあるのかもしれません。

自分が我慢しているのだから、他の人も同じように我慢すべきだ。それは、次のようにも言い換えられそうです。

自分の尊厳が護《まも》られていないのだから、他者の尊厳を大切にできない。
自分の権利を大切にできないのだから、他者の権利に想像が及ばない。

何か、変ですよね。

そもそも、自分の尊厳が護られない、自分の権利が大切にできていないことが、大問題のはずです。誰だって、楽しく生き心地よく生活するためには、自分の尊厳は大切にされたいし、自分の権利も護りたい。そして、自分だけでなく、身近な他者の尊厳も大事にしたいし、他者の権利も護られてほしい。でも、それが制約されている、我慢している、人生や思考にリミッターがかけられる状態を「そういうもんだ」と受け入れてしまっている。その上で、他の人だってリミッターがかけられていないと「おかしい」と思う。

とはいえ……お互いの権利を制約している方が、日本社会がスムーズに回ってしまっているのも、また事実なのです。みんなが我慢して、自己主張を控え、他者の顔色を見て、わきまえて、決められたルールに黙って従い、自己の言動にリミッターをかけている方が、結果的に誰かが命令しなくても、この社会はスムーズに回っていく。それが「忖度」や「自主規制」の論理です。

海外に出かけた後、日本に帰国するたびに、いつもそう思います。電車は時刻通りに着くし、コンビニは二四時間開いているし、ネット通販でも商品は翌日に届いてしまう。クストレスなく移動や買い物ができる。これは日本の常識ですが、世界の非常識です。クールジャパン、ここにあり、です。でも、その負担を誰がしているのか。それは、一人一人の現場の従業員なのです。つまり、社会がなめらかに回るためには、歯車となって我慢して必死で働く個々人が必要になる。真面目な性格も相まって、頑張って無理して、相手の期待に応《こた》えようとする。それで社会が成り立っているのだけれど、その裏で、一人一人の尊厳や権利にリミッターがかけられている。「忖度」や「迷惑をかけるな憲法」の方が優先されることによって、自分自身も迷惑を受けにくい。でも、他者に迷惑もかけられない。

それは、共に思いやること、というCaring withの社会とは真逆の、自分自身に注意や意識を向けられない、だから他者への注意や意識も限定的になる、という意味で、ケアレスな社会だと思うのです。なぜ、そんな社会になってしまったのでしょうか？

二 「昭和九八年」的世界

労働ファースト

ここ最近、ずっと頭の中に鳴り響いているフレーズがあります。

「昭和九八年」

この原稿を書いているのは、二〇二三年で令和五年です。昭和に換算すると、昭和九八年となります。このフレーズは、朝日新聞が連載した「昭和九八年」の女性登用管理職はなぜ増えない？」という連載記事[2]の見出しにありました。そして、その見出しを見た瞬間、色々な疑問が氷解したのです。

なるほど、今は令和の世の中かもしれないけれど、日本社会の基本的なシステムや認識は「昭和」で動きつづけているよな、と。そして、この二〇二三年を「昭和九八年」的世界だと捉え直すと、今の日本社会のモヤモヤやおかしさに、説明が付くことが多いな、と。ちなみに、昭和六四年（一九八九年）が平成元年なので、昭和が終わって二〇二三年の時点で三四年ほど経《た》ちます。でも、三四年経っても、昭和的世界観が日本社会に色濃く残存し、それが様々なハレーションを起こしていると思うのです。

その最も顕著な例が、「働き方」です。日本研究者であるメアリー・C・ブリントンさんは、日本社会が「労働ファースト、人間セカンド」であり、長時間労働と単身赴任が少子化の大きな要因だと述べています。OECD諸国の中では、日本の男性の一日あたりの有償労働時間はイタリアやフランス、スペインの二倍、アメリカやスウェーデンの一・四倍だそうです。そして、その彼女の本のタイトルが『縛られる日本人』（中公新書）。私たちは、昭和的労働価値観という、「既に賞味期限を過ぎた価値観」に縛られている、とも言えそうです。

ブリントンさんの指摘は、子育てをしている私にも実感が湧きます。私は子どもが生まれた後、妻に「出張はやめてほしい」と言われて、大学外での研究会や講演、研修等をほとんど断りました。私たちの両親は離れて暮らしていて、夫婦二人で子どもを育てるには、私も重要なケアの担い手として期待されたのです。長時間労働や単身赴任をしていたら、決してその役割は務まりません。一方で、子どもが生まれるまで出張三昧だった私が仕事を減らすのは、身を切るような痛みを伴いました。つまり、私は「労働ファースト」で「ワーカホリック」だったことに、それまで気づいていなかったのです。

また、先ほど述べたように、それまでの私は「他者比較と他者評価」を根強く内面化していました。SNSを見ていると、同業者がキラキラ輝いてみえます（というか、S

2　「昭和98年」の女性登用　管理職はなぜ増えない？　https://www.asahi.com/rensai/list.html?id=1725

NSはそういうキラキラ情報を発信する「自慢メディア」です）。こんな業績を出しているとか、こんなふうにメディアに取り上げられているとか……。学生と同じで、そんなキラキラ・ペラペラの世界に、誘蛾《ゆうが》灯《とう》に誘われるかのように、ふらふら憧れを抱き、自己嫌悪に陥ります。

でもそれが、ワーカホリック＝仕事依存症の「禁断症状」だとは気づきませんでした。乳幼児の時期に、日々変化する子どもとの生活を共にすることは、本当に値千金の（プライスレスな）体験です。「人間ファースト」の価値観なら、その時間を心ゆくまで楽しめたのだと思います。でも、「労働ファースト」で、仕事のためなら「二四時間戦えますか？」という価値観を内面化した私には、「仕事をしなくて大丈夫か？　取り残されないか？」という焦りがすごく大きくありました。ちなみに、「二四時間戦えますか？」というのは、一九八九年（平成元年）に売り出され、爆発的にヒットした栄養ドリンクのCMコピーです。私はその三〇年後に、子育てをしはじめて、「二四時間戦えないよ！」という現実に直面してしまったのです。

さて、困った。

最も眠れていない国

二四時間戦えないよ！

ごく、当たり前のことを書いています。でも、「昭和九八年」的世界では、この常識とは別の常識がはびこっています。それが、先ほど書いた長時間労働と単身赴任です。会社の目的達成のためなら、残業は当たり前。その後にはストレスも溜《た》まるから、飲み会で憂さを晴らしして、深夜に長時間かけて家に帰り着く。そして、会社の命が下れば、数年に一度はどこへでもいとわず転勤を繰り返す。妻子がついてきてくれず、家を買ってしまったなら、夫は単身赴任で赴任先に乗り込んでいく……。

私自身は幸運なことに単身赴任せずとも済んでいますが、毎年の業績を確実にあげ、社会的に評価されるためには、長時間労働は仕方ないし、せねばならないことだと以前は思い込んでいました。また、ママ友・パパ友の話を聞いていると、子どもが小さくても平日は父の顔を見ないのが当たり前になっている家庭や、運動会など子どもの行事に合わせて帰って来るけど普段は単身赴任だというパパも、周りには結構います。これは昭和の価値観です。高度経済成長期以後の猛烈サラリーマン的価値前提が、未《いま》だに社会構造として残っているのです。

さらに言えば、共働き家庭が増えても、昭和的価値観が職場で前提とされていると、両親共にハードワークを求められ、家事・育児を分担するのは至難の業です。キャリアアップのために残業や出張が求められると、どちらか一方に家事・育児のしわ寄せが来ます。そして、その場合、昭和的価値観が残存しているので、母親が仕事と家事の両立を求められる場面もしばしばあります。日本人の睡眠時間はOECD諸国の中で最も短い七時間二二分ですが、女性の方が男性より一四分短いと言われています。さらに仕事と家事の両立が大変な四〇代（六時間五三分）と五〇代（六時間三六分）は、さらに短い睡眠時間です。[3]

国際比較で見ても、日本人の男性の一日あたりの有償労働の時間は四五二分（七時間三二分）、無償労働の時間が四一分（約〇・七時間）、一方女性の有償労働は二七二分（四時間三二分）、無償労働の時間が二二四分（三時間四四分）であり、無償労働では女性が男性の五・五倍と、OECD諸国の中で男女差が高くなっています。つまり、男性は睡眠時間を削って労働ファーストで、家事労働をほとんどしない（できない）。その一方、女性は家事・育児と仕事の両立をしようとすると、睡眠時間を削って、仕事の時間を制限せざるを得ない。そんな現実があるのです。[4]

睡眠時間を削ってこんなに頑張っている。みんな我慢している。そのような余裕のない状態が続いていくと、「自分の尊厳が護られていないのだから、他者の尊厳を大切にできない」「自分の権利を大切にできないのだから、他者の権利に想像が及ばない」という感覚とも地続きになりますよね。これが、ケアレスな社会の根底にありそうです。

頑張れば報われる、の呪い

日本社会で暮らす私たちは、なぜ、そんなに頑張らなければならないのでしょうか？

3 「国際女性デー」日本人女性の睡眠時間は短すぎる！その原因と対処法とは？ https://telling.asahi.com/article/14855567

4 男女別に見た生活時間（週全体平均）（1日当たり、国際比較） https://www.gender.go.jp/about_danjo/whitepaper/r02/zentai/html/zuhyo/zuhyo01-c01-01.html

なぜ世間や仕事に注意やエネルギーを最大限振り向け、自分に対しては結果的にケアレスになるのでしょうか？　そこまでして、なぜ自己責任を最大化し、わきまえて、周囲に迷惑をかけてはいけないと必死になるのでしょうか？　みんなもそうしているから、だとしたら、あまりにそれは同調圧力的な「空気を読む」反応ではないでしょうか？そんなの、疲れませんか？

そして、「迷惑をかけるな憲法」と同じような「呪いの言葉」を、ここでもう一つ考えてみましょう。それは、「頑張れば報われる」の呪い、です。

え、それも否定するの？　そんな声も聞こえてきそうです。別に「頑張るな」と言っているわけではありません。でも「頑張れば報われる」は、「報われるためには、頑張らなければならない」とか「頑張らないなら、報われなくても仕方ない」と価値が簡単に転倒してしまいます。そして、この二つが実にくせ者です。

まず、「報われるためには、頑張らなければならない」というのは、根性論とか「ブラック体質」の温存に繋《つな》がっています。他の人も努力しているのだから、それ以上の努力をしないと報われない。これは、子どもを怒鳴りつける部活やスポーツチームのコーチとか、闇雲にノルマを課す営業職とかにある、根性論の発想です。がむしゃらに頑張らせても、合理的で効率的なやり方でなければ、成果は出ません。でも、夜遅くまで残業しているとか、バットの素振りを何百回やったとか、成果よりも「頑張っている姿勢(見た目)」の方が評価されてしまう。それ自体が、かなり変なのです。

そして、「頑張らないなら、報われなくても仕方ない」は、自己責任論の強化にもつながります。災害の被災者となる、難病になる、交通事故に遭う、家族が突然死する、親が自己破産する……など、自分が頑張ってもなんともならない不運はこの社会には確かにあります。でも、そういう状況におかれて、絶望に浸っていても、さらに頑張れと社会から追い立てられるのは、あまりにもしんどいですよね。少し前まで、日本は自殺者が一〇年連続で年間三万人を超える「自殺大国」でしたが、その背景には、この自己責任論や、「頑張れば報われる」の呪いが強固に働き、それへの絶望が広がっていたからではないか、と感じています。

さらに言えば、「頑張れば報われる」と「報われるためには、頑張らなければならない」、「頑張らないなら、報われなくても仕方ない」といった「ガンバリズム」がセットになると、「頑張らない、ありのままの状態が認められない」という価値観も内面化されていきます。若者の意識に関する国際比較調査の中でも、「自分自身に満足している」「自分自身に長所がある」といった自尊感情が、日本人の若者は突出して低いと言われています。それはこの「ガンバリズム」が背景にあるようです。さらに、「諸外国と比べて、うまくいくかわからないことに対し意欲的に取り組むという意識が低く、つまらない、やる気が出ないと感じる若者が多い」とも調査結果からでています。これは、若者の能力のなさという自己責任論で考えるのではなく、この日本社会が作り出した「ガンバリズム」に疲弊して、自信を奪われている状態、とも考えられそうです。

前時代の大成功、ゆえに

なぜ日本社会はこんなにガンバリズムが浸透しているのでしょうか？　なぜケアレスな社会なのでしょうか？　それは一体、誰にとって、どのようなメリットがあるのでしょうか？

このあいだＳＮＳで、日本に長年住むという外国人のおじさんが、コンビニで年齢確認ボタンを押すことを求められ、「なんでこんなくだらないルールに従わなくちゃいけないんだ！　お前ら、ロボットか？」と店員を罵倒していた動画を見ました。これについて、「郷に入れば郷に従え」「ルールなのだから守らないと」という意見も殺到していました。でも、私にはこの方の怒りもわかるのです。見た目で明らかにおじさんとわかるにもかかわらず、年齢確認ボタンを押すことを求められる。これは、誰にとって何の得なのでしょう？

本人にとって？　違いますよね。そうではなくて、法令遵守を厳格に求める政府と、その違反を問われたくないコンビニの経営層が仕込んだルールなのですよね。しかも、以前はこんな年齢確認の仕組みはなかった。見た目で成人かわかりにくい人は身分証明書の提示を求められることはあったけど、それで揉《も》めるケースもあったので、一律に年齢確認ボタンを押させて「確認したことにする」というルールを作った。明らかに二〇

5　特集　今を生きる若者の意識〜国際比較からみえてくるもの〜　https://www8.cao.go.jp/youth/whitepaper/h26gaiyou/tokushu.html

歳以上に見える人（＝おじさん）でも、ルールなのだから、それを押さなければならない。それで法令遵守という「見た目や体裁」は守られる。

これは、社会をなめらかに回すためのルールです。そういった様々なルールに、私たちは従わされる。変なルールでも、ルールはルールなのだから、と。そうやって、ルールが肥大化し、ロボットのようにルールに従い、私たちの自主性が奪われる。でも、空気を読み、同調圧力を気にして、「迷惑をかけるな憲法」に従い、わきまえを大切にし、ガンバリズムを内面化していると、ルールの肥大化に感覚麻痺《まひ》を起こし、思考停止に陥り、違和感が減っていく。そして、そのルールに従わないマイノリティは、糾弾される。だからこそ、ルールから外れて、「うまくいくかわからないことに対し意欲的に取り組むという意識が低く、つまらない、やる気が出ないと感じる若者が多い」のです。

そして、これらの現象は、日本社会の「失敗」に思えないのですよね。几帳面《きちょうめん》な日本人が、ガンバリズムで睡眠時間を削ってトコトン頑張ってきた。その「成果」として、スムーズだけど息苦しい、そんな日本社会の現実が生まれている。それは、「昭和九八年」的世界の「成果」だ、と思うと、前時代の「大成功」であり、それが「賞味期限切れ」しているにもかかわらず、社会システムのアップデートや刷新がなされないまま、放置されているからではないか。そんなことも見えてきます。

三　標準化・規格化の「大成功」の陰で

昭和の成功を支えたもの

「昭和時代の成功」とは何か、改めて振りかえっておきましょう。

一九四五年（昭和二〇年）に、日本は敗戦を迎え、米軍を中心とした占領軍に支配されました。物資は極端に不足し、空襲や原爆などで、数多くの都市で壊滅的被害を受けます。戦地で敵を殺した／敵に殺されかけた兵士たちは深刻なトラウマを抱えて（それも口にできず）、帰国します。旧植民地から命からがら逃げ帰ってきた一般市民も沢山いました。文字通り、大混乱で破壊的で暴力的で殺伐とした状況でした。

その後たった一〇年で「高度経済成長」が始まります。戦後二〇年も経たない一九六四年には東海道新幹線も開通します。猛烈な経済成長は「東洋の奇跡」（Japanese miracle）と言われました。学校の教科書にも「テレビ・洗濯機・冷蔵庫」が「三種の神器」と言われ急速に普及したことも書かれていますよね。これに自動車も加え、家電や自動車の製造業などで国内企業が急成長し、海外に良質で安価な製品を輸出するようになり、やがて貿易大国として成長していきます。一九六八年には日本の国民総生産（GNP）が、アメリカに次ぐ世界第二位の経済大国となりました。

このような急激な経済成長を支えたのが、猛烈な日本人の働き方でした。長時間労働をいとわず、残業や単身赴任、そして苛烈な通勤地獄に耐えながら、とにかく働き続けました。わずか二〇年前まで「神風特攻隊」で軍国主義に染まっていた日本人は、大地の壊滅的破壊や明日の食べ物さえ事欠く窮乏、戦前に「正しい」とされた教科書を墨塗して軍国主義をその場で否定するといった、文字通り「気が狂いそうになる」現実から戦後をスタートさせました。そのなかで「経済復興」だけが自らの尊厳の回復に繋がると信じ、遮二無二頑張り続けたのです。その結果、まさに昭和の終わりである一九八〇年代後半のバブル景気に代表されるように、物質的に「豊かな国」になったのでした。

この昭和的成功の基盤には、良質で安価な労働力がありました。それは、明治から培ってきた近代化教育の「成果」でした。明治維新後、「近代的」な学校教育を導入するなかで、それまでの「寺小屋」的な教え方は大きく変わりました。ネットで寺子屋の画像を検索して頂ければわかるのですが、異世代の子どもたちがそれぞれ別の課題に取り組んでいて、先生も複数人いる様子が描かれています。なかにはふざけたり、遊んでいる子どもも描かれています。今なら「学級崩壊」と言われそうです。一方、明治からの義務教育においては、今の学校と同じ、教師は一人で、同じ年齢の子どもたちが先生の統制の下で同じ課題に取り組む、今の標準的な学校のあり方にかわっています。[6]

　そして、教育における上記の方針転換は、「富国強兵」「殖産興業」という国策にも合致したものでした。標準化・規格化された知識を能率的に詰め込み、六年間の初等教育、あるいはその後の三年間の中等教育で、読み書き算盤《そろばん》、といった最低限の知識を全《すべ》ての国民が身につけるようになる。その前提で社会システムを構築し、識字率を上げていったからこそ、社会システムの標準化・規格化が可能になった。それは、工場労働者の質

6　この話題について私が動画で「ミニ講義」をしている映像もあります。江戸時代、「寺小屋」では学級崩壊が日常だった？　https://www.youtube.com/watch?v=-niLH80vWcE

の向上にもつながり、ひいては良質な労働力としての生産力向上にも繫がった。

それが、第一次産業から第二次産業、そして第三次産業中心の社会に展開していく上で、必要不可欠な労働生産性の向上の基盤になった。二〇世紀の日本の成功は、このような学力「向上」の成果だったのです。ただ、それは、学力「工場」の弊害をも伴っていました。

銀行型教育システムへの囚われ

学校は標準的で規格化された学力を埋め込むための「学力工場」になっているのではないか。

そのような問いは、もちろん小学生時代の私は持ち合わせていませんでした。受験勉強がすごく嫌だけれど、その競争から降りることもできなかった中高生の私は、違和感の正体がつかめませんでした。そんな私が、この標準化された教育の何がどのように問題なのかを気づかされたのは、大人になって読んだ次の一冊からでした。

「教師が一方的に話すと、生徒はただ教師が話す内容を機械的に覚えるというだけになる。生徒をただの『容れ物』にしてしまい、教師は『容れ物を一杯にする』ということが仕事になる。『容れ物』にたくさん容れられるほどよい教師、というわけだ。黙ってただ一杯に『容れられている』だけがよい生徒になってしまう。」

(パウロ・フレイレ『新訳　被抑圧者の教育学』亜紀書房、p79)

私が本当に嫌いだったのは、暗記することでした。英単語とか、何度も何度も書かないと覚えられません。覚えていかないと、当時の猛烈進学塾では、ビンタされることもありました。怖いから必死に覚えようとするのですが、なかなか覚えられません。一方、情報処理能力の高い友人は、パッと見ただけで覚えているようです。「なんてどんくさいんだ！」と己を呪いながらも、嫌がりながらも、置いてきぼりになりたくないから、必死で暗記していました。

暗記がなぜ嫌だったのか。教育学者のフレイレが言うように、私が「ただの『容れ物』」になっていたのであれば、深く腑《ふ》に落ちます。確かに、生徒は先生の流し込む知識を疑わずに黙って暗記すれば、効率的にその情報は定着するかもしれません。でも、なぜ暗記しなければならないのか？　なぜ英語と日本語では言葉の運用が違い、意味が一致していないのか？　生徒である私は、ぼんやり浮かぶそういった問いを、「言っても仕方ない」「そんなこと考えても時間の無駄だ」と封印していました。疑問を抱かず、黙って覚えた方が、早く身につく、と。

フレイレは、そのような機械的に覚えて「容れ物を一杯にする」教育を「銀行型教育」と名付けていますが、私はこのフレーズに出会った時、受験勉強が嫌だった理由がはっきりしました。知識を預金するかのようにため込む時、「なぜ？」「どうして？」という問いを抱えること自体が無駄になります。黙って暗記した方が、確かに「効率的」です。でも、それは自らの中で湧き上がる「問い」を消して「正解」ばかり追い求める行為になります。そして、そのような「問い」を消すことは、私自身にとっては「学びの自発性」の炎を消すことでもあったのです。それが、暗記中心の受験勉強がつまらない、と思えてしまう最大の元凶でした。

そして、大学で教えはじめた後、この「正しい答え」としての「正解」に縛られている学生が多いし、この「正解」幻想は広く日本社会を蝕《むしば》んでいる、と気づきはじめます。

「正解」幻想

「正しい答えがある」という前提に立つと、「正しい答えを知らない」場合、「正しい答えを知っている専門家に頼れば良い」という推論に結びつきます。風邪をひいたら医者に診てもらう、車の調子が悪ければ整備工場に出す、洗濯機やスマホが壊れたら業者に修理してもらう……。私たちはいつも、「正しい答えを知っている専門家に頼る」ことを当たり前のようにしてきました。

この「専門家への依存」に限界や幻想がある、と私が痛感させられたのは、二〇一一年の東日本大震災直後の、福島第一原子力発電所の爆発でした。それまで、「原発はクリーンエネルギーでありCO$_2$排出量も少ない、持続可能で安全なエネルギーだ」という宣伝文句を信じ込んでいました。国や専門家がチェックしているから、安全は護られるだろうと、確たる根拠もなく、思い込んで来ました。でも、テレビで原発が爆発する映像を見て以来、土台が揺らぎはじめます。「え、専門家は正しい答えを知っているわけではないの?」と。事実、原発爆発後に明るみになった原発建設や管理を巡る様々な不正や杜撰《ずさん》な見込みや推計に基づく「安全神話」の実態が明るみになるにつれ、「専門家が常に正しいとは限らない」「にもかかわらず、私たちは専門家の言うことを鵜呑《うの》みにしてきた」「でもそれじゃあ何を信じて良いのかわからない」という不安は大きくなりました。

またこの不安は、コロナ危機でもぶり返します。マスクはいつまで付けるべきなのか?　コロナ危機はいつまで続くのか?　手指消毒やパーテーションは本当に有効なのか?　ワクチンはどれほど有効なのか?　専門家の間でも意見が分かれ、どの専門家の意見を取り入れるか、で一般市民の意見も大きく分かれましたよね。「正しい答え」がほしいのに、誰が正しい答えを言っているかを判断できない、宙づりにされたような状態。これは原発爆発後でも、同じような価値対立がありました。

ここではっきりさせておきたいことがあります。社会的な事象、特に未来に関わる複雑な事象に、「正しい答え」はない、ということです。原子力発電所の爆発も、コロナの蔓延《まんえん》も、AをすればBになる、という単純な因果関係の連鎖だけで説明できません。

原発の災害対策問題だけでなく、電力会社や「原子力ムラ」の様々な思惑、そして地震大国日本の地震発生メカニズムなど、予期できない複合要因が複雑に絡み合って、結果的に福島で原発が爆発しました。同じように、新型コロナウイルスが蔓延しはじめた二〇二〇年当初、それがある程度落ち着くのに三年もかかるとは思ってもみなかった人が多いと思います。全世界的な流行で、ワクチンがどれだけ効くかもわからない、社会生活もどれだけ制約すればよいのか、ロックダウンするのか、も世界的に対応が分かれました。標準化・規格化された「正しい答え」がないから、試行錯誤するしかなかったのです。

そして、標準化・規格化された正しい答えが「ない」状態というのは、じつは人間社会の基本だったということに、改めて気づかされた人も多いのではないでしょうか？

普段はマニュアルやルールを守っていれば、スムーズに暮らせる。正解を誰かが知っている状態が「平時」の状態だとすると、震災後やコロナ危機の時期は、その平時の標準化・規格化した論理が通じない「有事」でした。スムーズに暮らせない、という意味では、確かさが減り、不確実性が高まり、不安や心配事も増えたのではないか、と思います。

そして、昭和時代の成功とは、標準化・規格化に基づく、平時のスムーズさを作り上げた成功でもありました。それは、社会の中で「正解」が共有され、それがルールや忖度という形で共有されやすいからこそ、成り立っていました。しかし、いったんその「正解」が機能しない状態になると、たちまち大混乱に陥る。それは、「正解」が幻想である、と気づかされる事態でもありました。

昭和的価値観の限界

このあいだ、子どもの小学校に授業参観で訪れて、びっくりしたことがあります。教室はぎゅうぎゅうだし、先生は一人一人の子どもたちを見て回るだけでも必死なのです。今、学校は四〇名定員から三五名定員へと段階的にクラスサイズを縮小しています。そして、娘の通う小学校の一年生は一〇五名なので三クラス、一クラス上限の三五名ぴったりでした。参観日の時間に観察していると、ひらがなの書き取りや、数を数える問題でも、すぐにできる子どもと、時間がかかる子どもの差が激しいのです。でも、先生は一人で三五名全体を見て、教室運営をしなければなりません。すると、先生の余裕はなくなります。それでも、娘の担任の先生は、何とか全体を見て回ろうと必死に動き回っていました。
文科省によれば、ＯＥＣＤ諸国の初等教育の一学級あたりの平均人数は二一・九人。四〇人学級はその倍にあたりますし、三五人学級でも一・七倍にあたります。大人数を一人の教員が管理しようとすると、授業内容を標準化・規格化して、教員が管理しやすいような内容にしないと、とてもじゃないけど授業が成り立ちません。文部科学省は、新学習指導要領のなかで、「個別最適な学び」と「協働的な学び」の一体的な充実を謳《うた》っています。でも、それを三五人クラスですることは、かなり難しいのが現実です（低学年ならほぼ無理）。それは先生の性格や教え方の問題ではなく、そもそもクラスサイズが大きすぎるのです。[7]
また大人数教育を当たり前の前提にしていると、効率的に教えるためには、「教師は『容れ物を一杯にする』ということが仕事になる」のです。一人一人の「なぜ？」「どう

7　学級規模の基準と実際［国際比較］　https://www.mext.go.jp/b_menu/shingi/chousa/shotou/029/shiryo/05061101/003.pdf

して?」の問いに答えていては、学級崩壊になってしまいます。でも、Google検索やChat-GPTが標準的な答えを出してくれ、司法試験や医師国家試験も合格するレベルに達すると、子どもたちが標準化・規格化された知識を暗記するだけでは、全く太刀打ちができません。

ネットで「正解」は見つけられる。でも、社会の変化にどう対応するか、認識をいかにアップデートすれば良いか、には答えはありません。それは、震災後やコロナ危機のような、「経験したことのない、標準化・規格化された正解が通用しない」社会の変化だからです。「少子高齢化のトップバッター」でもある日本において、人口減少社会をどのように生き抜くか、社会を維持するか、にも「正解」はありません。昭和時代のような、アメリカに追いつけ追い越せ、という仮の目標や正解幻想を共有できた時代は、もうとっくに終わっているのです。

ケアの話のはずが、ずいぶん回り道してきました。でも、実はケアにおいても、現在の日本社会では、「昭和九八年」的な世界が続いてきました。標準化・規格化されたケアの限界です。それは、この社会の生きづらさとも直結しています。

四　ケアの自己責任化を超えて

「発達」の「障害」？

第一章で「苦しいこと」と「苦しみ」の違いを取り上げました。「苦しみ」の内容を言葉で説明できない。でも「苦しい」し、とにかくそれをわかってほしい、と、他者にぶつける。自殺やリストカット、不登校だけでなく、「発達障害」とラベルが貼られている状態のなかにも、「苦しいこと」が大きく含まれているように思います。

え、発達障害って病気であり、医学的に判断できるものではないの？　そういう問いもあると思います。確かに医師が発達障害と診断します。でも、発達障害とは、社会構造の中で生み出された障害でもあるのです。精神科医の高木俊介《たかぎしゅんすけ》さんは以下のように整理しています。

「社会の成長の終焉《しゅうえん》は、個人の成長をも神話にする。『成長する人間』は理念型としての『人格』を形成していくが、その成長を失えば個人はそれぞれの発達段階に応じた『特性』の束に過ぎないものとなってしまう。精神医学において人格障害という診断が下されることが激減したように、社会からもその構成員の『人格』という概念が消滅していくのだ。

同時に『人格』に取って代わった『特性』は、社会的な評価としての『能力』で計られ、数値化されていく。こうして発達障害こそが、社会への不適応、社会からの逸脱、コミュニケーションを阻む『欠陥』として、教育の過程で、社会化の過程で絶えず見いだされる現代精神障害という地位に押し出されてきた。」

（高木俊介『危機の時代の精神医療 変革の思想と実践』日本評論社 p223）

昭和時代は「社会の成長」が約束されている時代でした。だからこそ、「個人の成長」も信じられました。「頑張れば報われる」というのも、この「成長」が前提にありました。でも、その社会の成長が終焉を迎えた時、成長を前提としない発達状態は、「特性」として固定されます。「コミュ障」とか「多動」とか、「集中力が持続しない」

のは「保護者や教師が扱いにくい困った特性」であり、「障害」である、と。

でも、それは本当でしょうか。こういった特性は、現時点ではそうだけれど、それが永続的に続くかどうかはわからない性質のものです。やりがいのあるものを見つけたら集中力が芽生えるでしょうし、気の合う気遣ってくれる仲間と出会えたらコミュニケーションはなめらかになるでしょう。子どもが安心できるクラス環境ならば、イライラが収まって、じっと座っていられるかもしれません。

つまり、目に見えるわかりやすい「特徴」とは、本人と周囲の人の関わり合いの中で変容する要素のはずなのに、固定的な「発達特性」として測られ、数値化されます。そして、標準化・規格化された学校空間の中では不適応で逸脱しているから、と排除されていきます。事実、学校基本調査によると、少子化が深刻に進むにもかかわらず、特別支援学級に在籍する児童生徒数は、二〇一〇年の一四万人に対して二〇二〇年は二倍の三〇万人に増えているとも言われています。[8]

8　学校で「発達障害」の子どもが急増する本当の理由　https://toyokeizai.net/articles/-/577701?page=3

これは、本人にとって何らかの「苦しいこと」の表現を、周囲が「発達障害」という「正解」の枠組みの中に当てはめて理解し、特別支援学校・学級という別の標準化・規格化された空間に排除することで処遇した、と解釈することもできます。学校で扱いにくい子ども、集団についていきにくく、なじめない子を、普通学級の大人数クラスで放置していたら、いじめの蔓延につながる。それであれば、特別な処遇の場所で分けて教えたら、何とかなるのではないか。そういう発想です。

でも、それって、なにか変です。

置き去りにしてきたケア世界

周囲の子どもと違う特性を持つ子どもに「発達障害」という診断名を付けて、特別支援学校・支援学級での「個別最適な学び」を保障する。これは、一見すると「望ましい事態」に思えます。でも、それをすると「協働的な学び」が失われます。

そもそも、「協働的な学び」とは、自分とは価値観や生き方が違う友だちとも協働するということです。標準化・規格化された枠組みの中に適合する子どもだけと協働することではありません。にもかかわらず、標準化や規格化された「正解」が前提になっている学校空間において、その「正解」の範囲内での「協働的な学び」であれば、他者へのケアも限定的になります。

それは、私自身の視野が狭まってきた軌跡とも一致します。小学生のころ、「おくちゃん」というクラスメイトがいました。彼には知的障害があり、授業内容を理解することはあまりできず、教室をふらっと出て行くなど、自由奔放な感じでした。でも、彼の母親が普通学級を希望し、普通にクラスメイトとして一緒にいました。「おくちゃんが逃げた！」とわかったら仲間で探しにいったり、おくちゃんのおかげで授業が止まることもあったけど、おくちゃんも大切なメンバーの一人でした。晴れた夏の日、おくちゃんの家に遊びにいって、彼が好きなビートルズのレコードをかけながら、タンクトップ姿のおくちゃんと麦茶を飲んだ光景が、思い出されます。

しかし、中学でおそらく「おくちゃん」は支援学校・学級に入ったのだと思うのですが、私の視界と記憶から消えました。それと共に、私は障害のある仲間がおらず、受験勉強についていくのに必死になり、おくちゃんだけでなく、自分と違う事情を抱えた周囲の仲間の子のことも目に入らなくなりました。私は京都の下町の公立中学に通い、「しんどい家庭環境」のクラスメイトも複数いたのですが、当時の私には仲間のしんどさの背景に思い至ることもなく、「不良の子、勉強について行けない子、だらしない子」と思い込んで、関わらないようにしていました。

今なら「しんどい家庭環境」とは、家庭内暴力が身近だったり、親の代わりに家事や兄弟の面倒をみたり、条件付きの愛情（○○をしたら愛してあげる）に必死に応えようとしたり……、と子どもの意見表明や意思決定が尊重されない、それが奪われ続けている家庭環境で育ってきた子どもたちだとわかります。すると、子どもの頃から諦めや無力感が募り、「どうせ自分なんて」と自暴自棄になりがちです。そういう状況では、学力も身につかず、そもそも学校へ行く気もなくなります。

「協働的な学び」とは、そういう「しんどい家庭環境」の子どもとも、共に学び合うことです。そして、そういう「しんどさ」を抱えた仲間を、「ダメな奴だ」とラベルを貼《は》らず、しんどさを抱えている仲間の声にもじっくり耳を傾けてみることです。他者が自分とは違う状況・状態に置かれているのはなぜか。そこにどのような背景があるか。これは、障害のある子や「しんどい家庭環境」の子だけでなく、外国にルーツのある子や、他の地域から引っ越してきた子も含め、自分とは「ちがい」がある子を理解する上での鍵となります。この「ちがい」の理解は、「ちがい」をからかい、いじめる傾向に歯止めをするためにも、役立ちます。

そういう「ちがい」の理解よりも、空気を読んで同調圧力に従うことに必死になってきた中学生の私は、まさに他者を思いやる、という意味でのケアを放棄してきました。深夜まで受験勉強に没頭することで、公立中学での成績は常にトップレベルでしたが、私は学校外での深夜までの「個別最適な学び」を優先するあまり、クラスの友人との「協働的な学び」は放置して、ずっと教室で寝ていたのです。周囲の事が全く見えなくなっていました。私の視界から「おくちゃん」が消えてしまったように、私自身の存在も、クラスの仲間から消えていったのかもしれません。

なんと殺伐とした世界でしょう。

自分が学んだことはこれなのか！

この本の執筆伴走をしてくださっている編集者の鶴見《つるみ》さんが、第二章の草稿を読んで、こんなリプライを下さいました。

「竹端さんの場合は、ああ、自分が学んだことはこれなのか！　と気付いていらっしゃるので、机上の空論ではないということだな、と。」

私は大学院生の頃から、大熊一夫《おおくまかずお》師匠に「弟子入り」しました。一九七〇年に精神病院に潜入し、その人権侵害構造を『ルポ・精神病棟』（朝日文庫）で告発して以来、半世紀にわたって一貫して精神病院の不条理を告発してきたジャーナリストです。彼の鞄《かばん》持ちとして、障害者福祉を充実させたスウェーデンやデンマークで現地調査もしていました。先駆的な認知症ケアや障害者支援をしている日本各地の現場訪問に同行させてもらいました。その中で、障害のある人に「〇〇してあげる」という上から目線の（パターナリズムな）支援ではなく、障害のある人の尊厳や権利を護る支援とは何か、を学び続けてきました。ケアや支援について、四半世紀にわたって「最先端のやり方」の情報を吸収し続けてきました。

その中で、「自分が学んだことはこれなのか！」と気づかされることは、沢山ありました。例えば、標準化・規格化された価値観を内面化していた私は長らく、支援やケアのことを学んでいても、障害のある人はクラスを分けて学んだ方がよい、特別支援学校・学級は必要不可欠だと思い込んでいました。でも、障害のある子、しんどい家庭環境の子も含めて「全ての子どもの学習権を保障する」ことを大切にしている、大阪の公立小学校（大空小学校）のドキュメンタリー（映画『みんなの学校』[9]）を見て以来、ガラガラと私の固定観念が崩れはじめます。昔、自分が見ないようにしていた仲間も、排除せずに、一緒に学べるんだ。それが「協働的な学び」なんだ、と。

9　大空小学校の取り組みについては、以下の書籍も参考にしてください。木村泰子『「みんなの学校」が教えてくれたこと　学び合いと育ち合いを見届けた３２９０日』小学館、木村泰子・菊池省三『タテマエ抜きの教育論　教育を、現場から本気で変えよう！』小学館すると、私が頑《かたく》なに「障害のある子は別のクラスで学んだ方がよい」と思い込んでいた背景に、「能力主義」への無自覚な信仰が根強くあったことを認めざるをえなくなってきました。能力別クラスの方が、教師の効率はよい。生徒が同じような学習レベルであれば、学びはスムーズに進むかもしれない。でも、それは「協働学習」の機会を奪うことであり、子どもが多様な世界をそのものとして理解する機会を奪い、標準化・規格化された世界の中に合わせていくことになる。その「能力主義」と「自己責任」の考え方が、排除の論理を作り上げ、排除されたくない人々は必死になって我慢して頑張って、その枠組みについていこうとする。そんな現実も理解しはじめました。

そうやって掘り下げていくうちに、この問題は他人事《ひとごと》ではなくなります。私が息苦しく感じた暗記中心の「銀行型教育」の発想が、「能力主義」そのものであり、それは障害のある子どもだけでなく、私自身が学びの楽しみを奪われる根源にあったのだ、と気づかされるようになりました。「個別最適な学習」とは、一斉授業で同じペースで知識を詰め込むのではなく、一人一人にあった形・ペースでの学びを保障する、というあり方です。それさえあれば、障害があってもなくても、同じ教室にいられるじゃないか、と。そして、大空小学校のように、日本でも実際に実現できている公立小学校があるじゃないか、と。

そこから、私自身はこれまで「できない一〇〇の理由」にこだわってきたとも気づかされました。クラスサイズが大きいから、障害のある子に合わせると他の子の学びが止まるから、教員の対応力がないから……「〇〇だからできない」と。でも、そうじゃなくて「できる一つの方法論」を考えることは可能だ。それも、『みんなの学校』で取り上げられた大空小学校の現実を見て気づかされました。

私は支援やケアについての「知識」を学び続けても、教育の場面では「能力主義」に縛られていました。障害のある人の尊厳は守られてほしいけれど、学校は仕方ないよね、と思い込んでいました。そして、その無批判な思い込みこそが「能力主義」に基づく「社会的排除」という構造なのかと、大空小学校の実践に出会って気づいてしまいました。これこそまさに「自分が学んだことはこれなのか！」と感じる瞬間でした。

そして、そのような瞬間は、子育てをするようになって、さらにたくさん経験するようになります。

「ちゃんと」のリミッターを外す

子どもの思いをしっかり聴く。頭ごなしに否定せず、非論理的で変に思えることを言い出しているようでも、なぜ、どのようにそれを言い出したのかという背景を聞き出し、「名探偵コナン」のように、その想いの背後にある理由を探っていく。子育てをしながらこのことを意識するようになると、いかに大人の「ちゃんとしなさい」「しっかりしなさい」「言うことを聞きなさい」という発言が独善的か、が見えてきます。そして気がつけば、子どもに対して、無意識、無自覚にそのフレーズが口をついて出てくる自分自身に恐ろしくなります。

その無意識、無自覚なフレーズを深掘りすると、私自身だって小さい頃から、「ちゃんとしなさい」「しっかりしなさい」「言うことを聞きなさい」と言われ、あるいは「ちゃんとしなきゃ」「しっかりしなきゃ」「言うことをきかなきゃ」という論理を内面化してきたことにも、ようやく気づかされます。そこに、ケアや支援で言われている「意思表明・意思形成・意思決定支援」という、「学んだ知識」を当てはめると、ぐっと解像度が上がってきます。

私の母親は専業主婦で、昭和的な父はしょっちゅう出張していましたし、家事は全くしませんでした。母は、ワンオペ家事・育児の日々が続いていました。三歳下の弟がいるので、ケアにかかりっきりでした。すると三歳からの私は、母の大変さを「忖度」して、お兄ちゃんだから「ちゃんとしなきゃ」「しっかりしなきゃ」「言うことをきかなきゃ」と内面化してきました。それは、自分へのケアよりも、母親にとって「いい子」でなくちゃ、という想いを優先することでもありました。そして、たまたま勉強ができたこともあり、「ちゃんとしなきゃ」「しっかりしなきゃ」「言うことをきかなきゃ」が、自らの学歴やキャリア形成に役立ってしまいました。

でも、子育てをし始めた時、「ちゃんとしなきゃ」「しっかりしなきゃ」「言うことをきかなきゃ」とは、自己抑制や自己抑圧に繋がるフレーズであると、深く理解しはじめます。こうやって自己抑制を続ける事は、自分自身の可能性にリミッターを付け、「いま・ここ」のワクワクや楽しみを横に置いて、「もっと頑張らなければ」と歯を食いしばる方向に、自分をシフトさせます。それこそ、生きづらさの元凶《げんきょう》なのです。

それは嫌だ！　子育てをしはじめ、そう思い出したとき、「ああ、自分が学んだことはこれなのか！」と気づきはじめました。無理をしなくても、社会に適合していなくても、ありのままのその人の存在をまるごと承認する。その上で、そのまるごとのその人が、生きやすいように支援やケア関係を結んでいく。私が魅力的に感じたケアや支援の現場では、それが当たり前のようになされていました。そして、自分が娘にそのようなケアを提供したい、と思えば、自分と娘の、あるいは妻と私の、より良いケア関係が必要不可欠になる、と思い始めました。そして、それは私たち家族に閉ざされることなく、「ケア中心の社会」を構想する上での鍵ではないか、とも思い始めています。

第四章　生産性至上主義の社会からケア中心の社会へ

一　生産性とケア

誰のための、何のための効率？

ケアの本のはずなのに、日本社会のありようについて、ずっと考えてきました。この本を書いている令和五年は、昭和九八年に相当し、昭和時代が終わってから三四年経《た》っても、昭和的システムがこの社会の基盤であり続けていること、この昭和的な価値観が大成功した故に、賞味期限が切れた後も、ケアを後回しにしている現実も見てきました。

それは、昭和五〇年（一九七五年）に生まれた団塊ジュニア世代で、弱肉強食の受験勉強時代を過ごし、平成二九年（二〇一七年）に子どもを授かった私自身の生き様とも重なり合います。私が思春期を過ごした一九八〇年代以後、日本でも新自由主義といわれる価値観が支配的になっていきました。終身雇用制度の崩壊、派遣労働や非正規労働の増大、「一億総中流」から貧困や格差の増大、自殺やひきこもりの急増など、様々な社会問題が浮き彫りになってきました。また、バブル経済以後の三〇年を実質的な経済成長がないという意味で「失われた三〇年」という識者もいます。つまり、経済の面での昭和型システムの成功・成長が没落していったのが、この三〇年の姿でした。

でも、昭和的成功を支えた「標準化・規格化」システムは、簡単には崩壊しません。むしろ、標準化・規格化された「正解」への「信仰」のようなものが、より強固になっていきます。そこに「同調圧力」や「空気を読む」「忖度《そんたく》」が重なると、前例（大人や先生、世間の言うこと）が「正解」となり、それを合理化することで、それ以外のものを「非合理」にしてしまいます。校則の例で言えば、スマホを持参すれば没収される学校において、なぜスマホが没収対象なのか、スマホを学びに活用できないのか、と生徒が先生に問いかけても、「ダメなものはダメだ」としか応《こた》えられなかったりします。

つまり、デジタルデバイスを用いた学びの可能性を最初から排除して、スマホは授業や学びを妨げるものだから頭ごなしに禁止する、という「合理化」がまかり通っているのです。そして、そのような「頭ごなしの禁止」をされてきた子どもたちは、大人に反論したり異議申し立てをしても無駄だと思い、理不尽な命令であっても黙って自発的に奴隷のように従う（＝自発的隷従）ようになります。それは、子どもたちが社会化し、大人になる中で、自らのパフォーマンスの最大化に蓋をして、自分の人生にリミッターをかけ、この社会に盲従していく姿です。

そんな社会に嫌気がさして、海外に移住する若者や女性も増えています。また、ひきこもりや自殺など、この社会から退却したり、絶望する人々も後を絶ちません。この社会に従うにしても、出て行ったり引きこもったりするにしても、今の日本社会において、閉塞《へいそく》感を感じ、大人から傷つけられ、無力感を感じている人々は少なくありません。それは、日本社会が、自らの将来に対してリミッターをかける、という意味で、文字通り「自殺行為」です。

そんな日本社会の私たちを縛っているのが、自己責任論であり、「正解幻想」であり、「ちゃんとしなくちゃ」でした。こういう「ルール」は、生真面目な日本人の性質と合致したが故に、この社会をなめらかに回す原動力になっています。でも、それは個々人を歯車にして、摩耗させることによって成り立っているスムーズさです。個々人へのケアがなされないまま、円滑に回る社会、という状態です。個人が大切にされない社会って、やっぱり変ですよね。

男性中心主義の外にある世界

子どもを育てはじめて以来、私自身も無自覚な囚《とら》われというか、生きづらさの背景にある、自らを縛る呪縛のようなものに気づきはじめました。なぜ子育てを通じて私はそれを理解したのか。それは、政治学者の岡野《おかの》八代《やよ》さんが、男性中心社会の特権について記述した以下の部分を読んで、私自身が無自覚に得ていた特権が見えてきてしまったのです。

> ①平等vs差異……同じであることによる平等はジェンダーを帯びて編成された平等である。それは、女性を差異と名付ける。
> ②自由vs必然/足手まとい（扶養家族）……どこかに、必然によって全面的に責任を担わされる者がいる一方で、この責任を免れる者がいる。そのことによ

って、そうした責任の不自由な性格が制度的に維持される。
③自立vs依存／依存者……自律的な存在であることは、依存者への責任を果たす者を必要としている。
④権利vsニーズ／関係性／義務……ニーズが形成する関係性は、不平等な者たちの間に形成され、親密性と依存性をおびる。
⑤個人vs家族（＝自己利益vs没我）……男性は個人として自己利益を追求できるが、女性は没我的に家族ケアが求められる。
⑥契約vs同意……平等な者同士は契約が可能だが、家族関係は自らの力で変更しようのない同意に基づく。
（岡野八代『フェミニズムの政治学』みすず書房、p100-103、内容は筆者による要約）

少し難しい抽象的な表現なので、私の実例に引きつけて考えてみたいと思います。
子育てする以前の私は、「努力すれば報われる」という機会均等の「平等」を信じてきました。しかし、そもそもこの「平等」とは、子どもや老人、障害者などへのケアなどを女性（妻・母・祖母）という「差異」に押しつけることで成立するという意味で、成人男性にとっての「平等」でした。それは、娘をケアするために、出張などを断り続けるなかで、痛いほど感じました。

また、小さな子どもがいながらも、残業や出張、飲み会に行く「自由」とは、扶養家族という「足手まとい」をケアする必然性を女性に託したり押しつけたりすることができるからです。これも、昭和的な専業主婦の世界では当たり前とされてきたことですし、共働きが当たり前になりつつある「昭和九八年」の今だって、お父さんが残業や飲み会に行ける一方、保育所が閉まるギリギリの時間に必死になって迎えに行くのはお母さんの場合が多いのも、また事実です。つまり、男が自立できている、と思うのは、ケアが必要な家族（依存者）へのケアをするだけでなく、洗濯物を取り込み、洗剤や食材のストックを管理するケアを妻や母に依存しているからです。

そもそも、ケアが必要な家族関係は、契約書にサインしてはじまるわけではありません。子どもが生まれた、親に介護が必要になった、などの家族関係の変化の中で生じるものです。そして、誰がケアを引き受けるか、は契約ではなく同意に基づいて（時には、自分の方が稼ぎは少ないからとか、他の人が引き受けないので、といった渋々の同意で）はじまります。しかも、ケアを引き受けると、自分のことに集中することはできません。「子どもが高熱を出した」時など、仕事中であっても、学校に迎えに行く必要があります。ケアというニーズを持つ人には、対応する義務があるし、ケア関係にある人は、出張や残業、飲み会などを権利として行使することもできなくなります。

つまり、弱肉強食だとか、業績中心主義だとか、そういう能力主義や競争原理は、ケアを女性に押しつけた男性にしか遂行できない仕組みなのです。ということは、昭和九八年的な社会を回す価値前提そのものが男性中心主義であると、子どものケアで四苦八苦している際に、やっと自分事として気づかされたのです。そして、この男性中心主義の外の世界こそ、実は魅力的で豊かな世界なのかもしれない、と。

能力主義の呪縛

子育てをしながら、私自身が何度も問い直しているのは、能力主義です。能力主義の言う平等とは、それ以外の存在つまり差異を女性に押しつけることで成り立っている。

この能力主義的な前提こそが生きづらさの根源にあるのではないか。子育てを始めて六年経つ中で、私はそう思い始めています。それは、前章でも取り上げた、「頑張れば報われる」の呪いとも関係しています。

頑張ることそのものを否定しているのではありません。でも、「報われるためには、頑張らなければならない」とか「頑張らないと、報われなくても仕方ない」がセットになった時、根性論や自己責任論と結びつき、「頑張れば報われる」は強迫的で呪縛的な論理になるのでした。それが、どのように能力主義に結びついているか。

この時の「頑張れば報われる」の内容として念頭に置かれているのは、社会が望ましいと感じる「頑張り」です。例えば、勉強を頑張ったから偏差値が高くなり〇〇大学に入れた、とか、節約と貯金を頑張ったから二〇代で数百万円貯まった、とか。でも、それで言うなら、夕食前の三〇分で三品サッサと作れるようになった、とか、合気道の稽古が身体に馴染《なじ》むようになってきた、とか、そういったことも「頑張りが報われた」例であってもおかしくはありません。でも、後者がそういう評価軸で見られることは、まずありません。

勉強を頑張って、良い大学に入って、良い会社に入って、生涯賃金をたくさん稼ぐ……というのは、あくまでも「金銭的成功」です。これには公務員になって安定賃金を得る、という別バージョンもあります。でも、金銭的成功だって、Youtuberで稼ぐとか、先物取引で儲《もう》けるとか、アイドルやお笑い芸人で一発当てるとか、別ルートでの成功もあります。でも、こういう一発逆転ルートより、良い大学・良い会社の方が、コツコツ続ければ届きそうだし、誰でも同じスタートラインに立っている（＝機会は平等だ）と思い込みやすいのですよね。

でも、「勉強を頑張る」ことそれ自体も、実は「平等」が保障されているわけではありません。同居する親や祖父母が病気や障害を抱えていたり、貧困家庭で、家事や兄弟の世話をする子どもが「ヤングケアラー」として最近注目されるようになってきました。あるいは、家庭内暴力や両親の不和などで、家が安心できる居場所ではない子どもも少なからずいます。また、「勉強を頑張った時だけ評価してくれる親」に育てられると、そもそも勉強していないと、自らの存在を認められない苦しさがあります。つまり、勉強を頑張っても頑張らなくてもいい、という安心した基盤がない子どもたちも少なくないのです。すると、同じ学年の子どもたちの中には常に「差異」が存在していて、スタート地点ですでに「平等」ではないのが現実なのです。

そういう「本当はあるはずの差異」をないことにして、機会平等だという「建前」が蔓延《まんえん》するとどうなるか。学校であれば、評価が勉強かスポーツか、の二者択一になるので、それで「できない」人も沢山出てきます。だからこそ、「自分自身に満足している」「自分自身に長所がある」といった自尊感情が、日本人の若者は突出して低いという先述の調査結果につながるのだと思います。もし、評価の枠組みが多様であって、勉強やスポーツだけで査定する呪縛や圧が弱ければ、一人一人が自分の長所や強みで満足するはずです。それがないのは、勉強やスポーツなど、簡単に序列化しやすい＝能力主義で評価しやすい枠組みに縛られ、それ以外の差異を評価する枠組みを持ち合わせていないからではないか、と思うのです。

「生産離脱者」の排除

序列化しやすい能力主義の呪縛は、昭和的価値観そのものでもあります。今から七〇年ほど前、当時の厚生省は、こんな文章を書いていました。

「生産離脱による損失については精神障害者中、精神病者の八割及び精神薄弱者の高度の者、即ち白痴、痴愚にあたる者は生産離脱者と考えられ、これらの者の保護にあたる家族の生産離脱を加えるならば、精神障害者のために社会は年々一〇〇〇億を下らない額の生産を阻害されていると予測される」

（厚生省公衆衛生局　一九五一年「わが国精神衛生の現状並びに問題について」医学通信二六二号：一一）

精神障害者の八割や重度の知的障害者は「生産離脱者」であり、そのケアをする家族の生産離脱を考慮すると、「精神障害者のために社会は年々一〇〇〇億を下らない額の生産を阻害されている」。これは、精神障害者を一人の尊厳ある人間として評価せず、「生産を阻害」する邪魔者扱いしている、という論理です。つまり、ケアする家族にとってはカネにならない「足手まとい」だという論理です。

この「足手まとい」論を煮詰めると、ナチスドイツで行われた障害者抹殺計画（T4計画）に行き着きます。生産性を阻害する障害者を生かしておいては、カネがかかるばかりだし、ドイツの発展を阻害する。この論理から、「社会に役立たない」とラベルを貼《は》られた多くの障害者がガス室で虐殺されました。そして、その「成功」がユダヤ人虐殺への足がかりだった、と言われています。[10]

障害者の大量虐殺こそなかったものの、日本でも、障害者が結婚して子どもが生まれると「社会のお荷物だ」という理由で、騙《だま》してでも障害者の強制不妊手術をしてもよい、という「優生保護法」が一九九〇年代まで存在していました。また、障害のある子どもは普通学級にいると授業の進路の邪魔になるからと、学校に行かなくてもよい（就学猶予・就学免除）とされ、学校に行くことになっても特別支援学校に行けば良い（養護学校の義務化）という別ルートが確立されていきました。

これは「足手まとい」である障害者を排除する論理ですが、この能力主義の論理は、普通学級にいる子どもたちにも呪縛的に機能します。同質化された学校のスピードについていけなければ、「足手まとい」であり「生産離脱」である、というラベリングです。

他の人と違う意見を述べたり、クラスの多くの仲間と違う振る舞いをすると、「空気を読めない」「変な奴だ」とラベルを貼られる。そして、「足手まとい」だし、「生産離脱」と排除されるかもしれない。

そんな評価軸を内面化してしまうと、必死になって社会の求める能力主義や生産性の向上に寄与できる人間になることだけが重要な価値とされます。

でも、ここで大きな問いがあります。社会が求める生産（＝金銭的価値を生み出すこと）だけが、人間の生存条件なのでしょうか？　金銭的価値を生み出さない人は、生産離脱者であり、社会に役立たず、生きている価値はないのでしょうか？　実はその逆で、能力主義と生産性を大切にする、生産性至上主義のような論理こそ、この社会を息苦しくしている元凶である、とはいえないでしょうか？

10　優生思想と向き合う　戦時ドイツと現代の日本（1）　繰り返される命の選別　https://www.nhk.or.jp/heart-net/article/404/

二　責任の共有化で楽になる

依存先を増やす

能力主義や生産性至上主義を考える上で、忘れてはいけないもう一つのキーワードがあります。それは、「自立」です。あなたは、「自立」って何だと思いますか？

大学生にこう質問すると、「自分で金を稼げるようになること」「他人に依存せずに一人で生きていけること」という答えがしばしば返ってきます。そこで言われているのは、経済的自立であり、身の回りのことを一人でできるのは、身体能力の自立でもあります。どちらも、数値化できて比較可能だ、という意味で、能力主義に親和的な自立概念です。

でも、それ以外にも、自立の考え方はあるはずです。例えば、常時他人による介助が必要な身体障害者の社会運動（自立生活運動）においては、以下の自立概念が有名です。

「他人の助けを借りて一五分で衣服を着替え、仕事に出かけられる障害者は、自分で衣類を着るのに二時間かかるために家にいるほかない障害者よりも自立している」[11]

これは「自己決定や自己選択の自立」とも言われています。どの服を着るかは自分で選んで決める。でも、服の着脱は身体障害ゆえに時間がかかるなら、それは他者に介助を頼んで、着替えを済ませて外に出かけたらよい。何でも自分でできなくてもよいし、選択や決定は自分がした上で、できない部分は助けてもらえばよい。そういう考え方です。

ただ、この定義は赤ちゃんとか重い認知症の人、重症心身障害者など、決めたり選ぶことが苦手だったりできなかったりする人、あるいは社会的な「仕事」ができない状態にある人には当てはまりません。では、娘が赤ちゃんだったときは、全く自立していなかったのか。そう問われると、「尊厳の自立」があると私は考えています。

11 特集／総合リハビリテーション研究大会'87　重度障害者の生活自立を支える地域組織化活動　https://www.dinf.ne.jp/doc/japanese/prdl/jsrd/rehab/r055/r055_023.html

認知症で何を食べたか忘れてしまっても、どうしてよいのか判断しにくくなっても、子や孫にとっては大切なおばあちゃんであり、長い人生を生きてきた○○さん、という尊厳は、その人の中に保持されているはずです。あるいは娘は生まれ落ちた瞬間から、他者と違う彼女の独自性に溢《あふ》れていました。つまり、人は生まれてから死ぬまで、その人の存在そのものが際立っている、という意味で、「尊厳の自立」があるはずです。

この前提に立った上で、「自立とは依存先を増やすこと」[12]というフレーズを考えてみたいと思います。これは、東京大学教員の小児科医で、脳性麻痺《まひ》の当事者でもある熊谷《くまがや》晋一郎《しんいちろう》さんの言葉です。熊谷さんは東大医学部に入って、医者で、東大教員で、という意味では、勉強やキャリア面ではパーフェクトに自立しています。その一方、介助が必要という意味で、身体能力は自立していない、とも言えます。でも、彼は介助者を使って自己決定や自己選択をしているし、脳性麻痺として生まれてきたことに関係なく、尊厳は自立しています。

そんな熊谷さんは、「依存先を増やすこと」こそ自立だと言います。子育てをしていると、これは本当に自分事として痛感します。子育てを夫婦だけではとてもできません。

祖父母やママ友・パパ友、こども園や学校など、様々なネットワーク（依存先）を増やすことで、子育てがしやすくなっていきました。また、何か困ったことが起こったとき、私の場合であれば「車、Ｍａｃ、合気道、キャンプ、ワイン、洋服……のことなら○○さんに相談すればよい」という依存先を増やしておくと、自分で調べはじめて右往左往しなくても、適切な情報をサクッと教えてもらえます。それで私はものすごく助かっているし、私の生活は確実に豊かになっています。

何でも一人でできるようになれたらいいけど、私はそんなに要領もよくないし、子育てや仕事をしていたらそんな時間はありません。ならば、学生時代から頼れる友人・知人を増やしていった方が、結果的に生きていくのが楽になります。また、私にできることがあるなら、友人や知人から頼られたら、余裕がある範囲で応じています。それこそ、「お互いさま」だと思うのです。

12　自立とは「依存先を増やすこと」 https://www.univcoop.or.jp/parents/kyosai/parents_guide01.html

関係性に基づくケア

「他人に依存せずに一人で生きていけること」というのは、自立のように見えて、社会的孤立に繋《つな》がりかねないと思っています。他者に頼らず全部を一人で抱え込むことでもあるからです。

「一人で生きていく」のは、心身にエネルギーがみなぎっていて、一定程度の経済的基盤があれば、他者に遠慮せずに済むし、自分勝手にできる、という意味で、楽でもあります。そういう意味では、自己利益の最大化、にもつながるのかもしれません。なるべく依存を減らしても生きていけるよう、頑張ってリスク管理をしておられる方も、いるかもしれません。

でも、新型コロナウイルスにかかる、地震や豪雨災害の被害を受ける、事故に遭うなどは、自己管理だけでは防ぎようのないことです。そういう時には、自分の身の安全を確保した上で、他の人のためにできる事を、できる範囲でする。皆さんもそういう経験をお持ちだと思います。それは、社会的孤立とは反対の、身近な周囲からの連帯だと思うのです。

これを「面倒なしがらみだ」と思う人もいるかもしれません。でも、あなたが赤ちゃんだった頃、あなたへのケアを「面倒なしがらみ」だと周囲の大人が拒否していたら、そもそもあなたはこの世に存在していません。つまり、あなたがここまで生き延びてきたのは、一人で暮らせなかった（経済的にも身体能力でも自立ができていない）あなたのことを、気にかけ、手を差し伸べてくれた人がいたからです。あなたの尊厳を大切にし、あなたが選んだり決めたりするニーズをあなたは支えてもらったからこそ、暮らせています。そういう意味で、生まれた瞬間から、あなたのニーズは、あなたと関係性のある大人が、義務として満たそうとしてきたからこそ、あなたは「いま・ここ」にいるのです。

……と偉そうに書いていますが、私自身を振り返ってみると、子どもが生まれる前までは、これらのことを全く意識していませんでした。自分が努力した結果得られた成果も、できなかったことも、自己責任だと思い込んでいました。睡眠時間を削って、必死になって働いていました。だからこそ、娘が生まれ、出張や講演などを断り、娘のケアにエネルギーを注いで仕事をしていないと、仕事の世界から置いてきぼりになる恐怖を抱えていました。

しかし、その時の私に大切な別の価値観を教えてくれたのは、他ならぬ赤ちゃんの娘でした。彼女のニーズを満たすためには、泣いているときに、お腹がすいているのか、眠たいのか、しんどいのか、退屈なのか……を見極める必要があります。それは、彼女との関係性を深めないと、できないことです。確かに、娘に関わるのは、親としての義務・責務かもしれません。でも、そうやって娘に関わり続ける中で、娘のニーズが満たされた時に見せてくれる笑顔は、文字通りの値千金です。この子のおかげで父親になれた、と関係性の中での自らの存在を確かめ直すこともできました。それは、娘の依存に基づく親密な関係だけれど、娘から父として承認されたことが、私自身の生きがいにもなっている、という意味では、私も娘に依存する、相互依存的な関係でした。

私は娘がすくすく育つようにケアをしてニーズを支える一方で、娘を通じて私はケアの面白さを教わり、娘を通じて父として生きる醍醐《だいご》味《み》を教わった。そういう意味で、互いが互いを必要とする関係性であり、この相互依存的な関係性こそが、ケアの醍醐味だと思うのです。

懲罰ではなくエンパワーする責任

私が娘から学んだ相互依存の世界は、弱肉強食の自己利益の世界とは真逆の世界です。

子育てをするようになってやっと私は気づきはじめたのですが、相互依存的な関係性から切り離された自己利益の追求は、独善的になりやすいと感じています。弱肉強食の論理は、「次に追い落とされるのは自分ではないか」という恐怖や懲罰と常に結びついています。「頑張らないと報われない」、というあの強迫的な論理のことです。

他方、妻や娘と一緒に〇〇する、というのは、自己利益や自己都合に閉じていません。というか、自分中心主義では成り立ちません。我が家は夫婦二人の時期が長かったので、その時は、互いに勝手に飲みに行くとか、旅行でも互いの自由行動の時間を作る、などしていました。でも、娘が生まれてから、その大人二人の論理は木っ端みじんに打ち砕かれます。娘の体調や娘のしたいことを優先して、それと親が行きたい、やってみたいこととどう折り合いを付けるか、を家族で話し合います。大人二人なら長時間フライトやきつめのスケジュールでも何とかなりましたが、娘も一緒なら、乗り換え時間に余裕を持たせ、二、三時間の移動が限界だと考え、途中で休憩を挟んだり、子どもの希望を優先して買い物の前に早めに公園で遊んだり、と彼女の論理を最大限尊重する必要があります。

これは、私や妻の自己利益で完結せず、自分ではない娘の利益を中心にまわしていく、という意味で、親二人にとっては利他的というか、没我的でした。でも、それは我が我が、という、狭い自己利益の世界観を超えることによって、違う風景が見えてくるのです。それは、責任に関する感覚の転換、でもあります。

自己責任という言葉には、懲罰的な響きがありますよね。自分でしたことなんだから、自分で責任を取らなければならない。それは「すべきだ」「しなければならない」という意味で義務（should/must）の論理です。確かに、子どもの養育は親にとっては義務なのだけれど、娘と暮らす中で、それは懲罰ではなく喜びだし、より肯定的な責任を引き受けているのだと思います。政治学者のヤシャ・モンクは、子育てや困窮状態にある親類の世話もまた、一つの社会貢献だと述べ、肯定的責任像を提起しています（ヤシャ・モンク『自己責任の時代』みすず書房）。

私は、娘を育て、家事や育児の責任を引き受ける中で、父としての私を形づくってきました。彼女への責任を引き受けることを通じて、私が父として生きる意味や価値があると、自分自身を肯定的に認められるように感じてきました。そういう意味で、娘への責任を担うことは、私にとっては懲罰ではなく、私を力づけてくれる（エンパワーしてくれる）行為でした。娘への関わりを通じて、親としての責任を引き受ける主体として成長したようにも思います。

ケア関係を引き受けることは、ケアする側の人間的な成熟に大きな役割を果たしてもいます。自分本位で我が我が、という弱肉強食的な発想とは真逆で、娘の思いや願いを満たすことを中心にしながら、私自身の生き様を書き換えていく。没我的ではあるのだけれど、間違いなく私自身にとっても滋養になり、私を成熟に導く。そんな相互依存関係なのだと思っています。

切り分けるのではなく、分かち合う責任

そう考えていくと、私は子どもが生まれる以前は、ずいぶん長い間、「消費者マインド」に毒されてきました。またの名を「お客様は神様です」という考え方です。お金を

払って購入するのだから、文句を言うのも値切るのも、やってもらうのも当たり前、というあの発想です。この「消費者マインド」は相互依存的な関係性の対極にあると思っています。

確かにお金を払うという契約関係に基づけば、払った金額分の対価をできる限り沢山獲得したいという論理が働きます。最近は「カスタマーハラスメント」という用語も出回っていますが、店の従業員に対して怒鳴りつける客は、カネを払ったのだから俺に従え、という意味で、支配―服従の論理を店員に押しつけている、と言えます。すると、能力主義や自己責任論への強迫的な信奉は、服従したり下の側に追いやられる恐怖であり、どうせなら上から支配する側になりたい、という黒々とした欲望のようにも、思えます。

でも、ケアの世界は、この消費者マインドではなんともなりません。ケア対象の娘の心は、お金では買収できません。彼女からお金をもらってケアをするわけではないし、ケア関係について契約書を交わしたわけではないので、何を、どれくらい、いつまでにするのかは、娘や妻との同意に基づいて決めます。彼女に怒鳴り続けたら、彼女は間違いなくトラウマを抱えるし、心は私から離れていきます。逆もまた真なりです。

私がこれまで述べてきた相互依存的な関係性とは、端的に言えば、「共に考え合いながら○○する」関係性だと思っています。お互いの想いを理解し、お互いの都合や事情も分かち合った上で、ではどうしたらよいか、を一緒に探る、という姿勢です。我が家で言えば、娘、妻、私の三人のしたいことや想いを共有した上で、休みの日にどこで何をするか、を一緒に考え、その場で三人がともに楽しめるように納得して折り合いを付ける、そんな関係性です。

この時、例えば妻や私、娘のうちの誰かの自己犠牲で成り立つ関係は、「共に考え合いながら○○する」関係性にはなりません。例えば今日は父の趣味に付き合う、ということがあっても、先週は娘の、来週は母の都合に合わせる、という感じで帳尻を合わせることになります。大切なのは、ケアし合うチームメンバーみんなが共に考え合いながら、ともに豊かな時間を過ごしていく。そういう関係性を作って行くことだと思います。それが、懲罰としての自己責任ではなく、あなたに承認された私が引き受ける積極的で肯定的な責任であるとも思うのです。

甲と乙を契約関係で切り分ける時、部分的な責任関係が生まれます。でも、家族の同意からはじまるケア関係は、部分的ではありません。ケアする側とされる側が、楽しさも苦しさも、面倒くささも喜びも、オモロさもつまんなさも、そのものとしてシェアする関係性が前提になっています。そして、そういう「共に考え合いながら○○する」相互依存的関係性を通じて、関わる全《すべ》ての人が、人間的に開かれ、成熟していくのだとも思います。

三　共に思い合う関係性

中核的感情欲求と向き合う

これまで述べてきた「共に考え合いながら○○する」関係性を深めていく上で、大切な補助線があります。それは、「中核的感情欲求」という考え方です。これはスキーマ療法という心理療法の中から生まれてきた考え方であり、日本にこの概念を広めた伊藤《いとう》絵美《えみ》さんは以下の五つに整理してくれています。

一、愛してもらいたい、守ってもらいたい、理解してもらいたい。
二、有能な人間になりたい、いろいろなことがうまくできるようになりたい。
三、自分の感情や思いを自由に表現したい、自分の意思を大切にしたい。
四、自由にのびのびと動きたい。楽しく遊びたい。生き生きと楽しみたい。
五、自律性のある人間になりたい。ある程度自分をコントロールできるしっかりとした人間になりたい。
（伊藤絵美『つらいと言えない人がマインドフルネスとスキーマ療法をやってみた。』医学書院、p146）

この五つを見て、気づくことはありませんか？

そう、この五要素は、ケアとして重要な要素そのものです。子どもにとって、この五つが満たされることの重要性は容易に想像がつくと思います。でも、認知症の人のケアでも同じことが言えるのでしょうか？　実は認知症になることで、「いろいろなことがうまくできなく」なります。それは、記憶障害を伴って「感情や思いを自由に表現できない」ことであり、「自由にのびのびと動けない」ことでもあります。これまでできていた「自律性」が奪われています。そんな中で「理解してもらえない」と思うと、圧倒的に孤独になります。その孤独さから、徘徊《はいかい》や暴言など「問題行動」が生じてくる場合もあります。

つまり、この五要素をこれから獲得していく子どもであれ、病気や障害によって五要素が満たされなくなった（奪われた）高齢者や障害者であれ、この五要素をどんな風に満たすか、がケアの本質的な要素になります。そして、それは二重の意味で容易なことではありません。一つは、相手の中核的感情欲求をどのように満たせば良いのかは、その人と関わりながら理解していく必要があるからです。もう一つは、ケアをしようとするあなた自身の中核的感情欲求を満たしていないと、相手のそれを満たすことができないからです。それはなぜか。伊藤さんは、前述の五要素が満たされない状況を、次の様に整理しています。

一、人との関わりが断絶されること

二、『できない自分』にしかなれないこと
三、他者を優先し、自分を抑えること
四、物事を悲観し、自分や他人を追い詰めること
五、自分勝手になりすぎること

この五点について、私自身もそうですが、読者の皆さんにも、当てはまる部分があるのではないでしょうか？　第一章で取り上げた「迷惑をかけるな憲法」の学生たちは、「他者を優先し、自分を抑えること」に長《た》けています。その中で、「物事を悲観」したり、「『できない自分』にしかなれない」と諦めている人もいます。一方、カスタマーハラスメントをする客といえば、「自分勝手になりすぎる」状態ですし、もしかしたらそもそも「人との関わりが断絶」されているから、ハラスメント的な関わりしかできないのかもしれません。

つまり、ケア関係を結ぶ上で、ケアする側とされる側が、共に中核的感情欲求を認め合い、満たし合っていく関係性をどう作れるかが、大切になってきます。

生き様の理解と支援

では、ケア対象者の中核的欲求を満たすためには、どうしたらよいでしょうか。その際にまず大切になるのは、社会学者の岸政彦《きしまさひこ》さんが提唱しておられる「他者の合理性の理解」であり、そのための方法論としての「生活史」の把握です。岸さんは、生活史を次のように定義しておられます。

「生活史とは、出来事と選択と理由の、連鎖と蓄積である。そしてその連鎖と蓄積を通じて、人生そのものに『意味』というものを付与していくのである。私たちは自分の経験、出来事、他者、場所などに、常にさまざまな意味付けをおこなう。それは希望に満ちたものでもあるだろうし、絶望的なものでもあるかもしれない。私たちの人生の中心には意味があり、その意味をめぐって私たちの人生は展開する。意味によって人は生かされていて、そして生きていることで意味が生み出されていく。」

（岸政彦編『生活史論集』ナカニシヤ出版 p xx）

あなたが誰かをケアする際には、ケアする相手の「出来事と選択と理由の、連鎖と蓄積」を理解する必要があります。その人は、これまでの人生にどのような「意味づけ」を行ってきたのか。これから、いかなる意味づけを行っていこうとするのか。本人の過去の意味づけと、未来への展望をうかがいながら、では自分はそこにどのように能動的に関わっていけるのか、を考えていきます。ここで能動的と述べたのは、絶望的な意味づけが希望的な意味づけに変わるように積極的に関与しケアすることができるか、という視点です。

その際、ケア対象者が他者と豊かな関わりをどう育《はぐく》んでいくか、そこで自己肯定感をどのように育てられるか、が今後のケアのポイントになります。それは、「できない自分」を深く意味づけている人ならば、どんなふうにしたら「うまくできる」感覚を取り戻すか、という課題でもあります。「自分の感情や思いを自由に表現」してもらうことで、「他者を優先し、自分を抑えること」を防ぐことでもあります。ケアを通じて「のびのび」「楽しく」「生き生き」とした感覚を持ってもらうことで、悲観的に自他を追い詰めないようにサポートすることでもあります。ケア対象者が、そうやって依存先を増やすプロセスを応援することで、自律性を高め、自己コントロールができるようになり、「自分勝手」の領域から離れるように支援することでもあります。

こう整理してみて改めて気づくのですが、ケア関係を結ぶ、というのは、ある種の生き様支援なのかもしれないな、ということです。目の前にいる、ケアしようとする相手が、どのような「出来事と選択と理由の、連鎖と蓄積」を重ねているのか。そこに、いかなる「意味」を付与しているのか。そんな生活史を理解しながら、他なる私が関わることで、その人のこれからの人生の「意味」に積極的に関わり、その意味づけの変更をもたらしていく。相手の生活史を読み解くだけでなく、「共に考え合いながら○○する」ことで相手の今後の生活史に関与していく。そんなありようなのかもしれません。

迷惑をかけるな、より大切なもの

そして、ケアを通じて相手の人生の意味に関わる際、当然ながら大切になってくるのは、ケアを提供する側の人生の意味が、ケアされる側のそれと呼応し、共鳴する、という関係性です。ケア提供者は、ケアされる側の人生に大きく意味づけを行いうるし、ケアされる側の生き様は、ケアする側の人生の意味づけを大きく変えうるものなのです。

私や妻は、小学校一年生の娘の生活史に、かなり積極的に関わってきました。でも、この六年間、娘とケア関係を結ぶ中で、私や妻自身の生活史にも大きな影響を与え、これまでになかった意味が付与されてきた、と実感しています。それは、娘へのケアをしようとする中で、私自身の中核的感情欲求を満たされていなかったことに気づきはじめたからです。

伊藤絵美さんによると「他者を優先し、自分を抑えること」の中には、「『ほめられたい』『評価されたい』スキーマ」が、「物事を悲観し、自分や他人を追い詰めること」の中には、「完璧主義的『べき』スキーマ」が存在する、といいます（前掲書 p148）。スキーマというのは、無自覚・無意識の認識のパターンやクセのようなものだと思ってください。そして、私は娘を育てるようになるまで、自分自身のなかに、「『ほめられたい』『評価されたい』スキーマ」や「完璧主義的『べき』スキーマ」が根強く存在していることを意識していませんでした。そしてこのスキーマが、私自身の生きづらさにもつながっている、ということを。

第三章で、「ちゃんとしなさい」リミッターを自分にかけていたことを述べました。これは「お兄ちゃんとしてちゃんとしなくちゃ」「母親にとって『いい子』でなくちゃ」という無自覚な願望です。実は子どもが生まれる以前にも妻から指摘されていたのですが、その当時は全く認めることができませんでした。でも、娘に「ちゃんとしなさい」と叱っている時、「ちゃんとする、って一体何だろう？」と考えはじめた時から、気づいてしまったのです。それは、親に刷り込まれたことを、私が子に再演しているだけかもしれない、と。

私は娘に「自分の感情や思いを自由に表現」してほしいし、「自分の意思を大切に」してほしいのです。そのように自分の人生を意味づけてほしいと願っています。でも、親の私自身が、「ちゃんとしなくちゃ」と自分の感情や思いにリミッターをかけて娘と向き合っていたら、言行不一致なんですよね。そういう言行不一致は、間違いなく子どもにはしっかり伝わってしまいます。

また、「迷惑をかけるな憲法」の構造分析をしてきた私自身、「完璧主義的『べき』スキーマ」に囚われてもいます。それは「他の人に迷惑になるでしょ」と子どもに叱っている時、表面化するスキーマです。でも、子どもって、迷惑をかけて生きていく存在なのです。それは頭ではわかっているのに、とっさの場面で、「迷惑をかけるな憲法」を再演してしまう。それは、子どもの問題というより、子どもへのケアに関わる私自身が、「すべきだ」「しなければならない」という完璧主義への囚われに、いまだに無自覚に影響をされているのだ、とも気づきはじめます。

もちろん、これをお読みの読者の皆さんも含めて、中核的感情欲求が完全に満たされている人は、誰もいないと思います。誰もが、何らかの痛みや歪《ゆが》みを抱えて生きています。それが、個々人の生活史に反映されています。そして、ケア関係を結び、他人の生活史に関わる際には、ケアする側である自分自身の生活史において、どのような「出来事と選択と理由の、連鎖と蓄積」の中で、いかなる中核的感情欲求が満たされたか、あるいは満たされていないか、に気づき直すことが大切なのかも知れません。

他者の他者性に気づくこと

他者の生活史の理解を通じて、他者がいかなる中核的感情欲求をどのように満たされたか、満たされていないか、を把握していくプロセスは、「他者の他者性」に気づくことであり、それを通じて「己の唯一無二性」を捉え直すことでもあります。

「他者の他者性」とは「他者には、自分には理解し得ない他者性がある」ということです。これは、生きる苦悩を抱えた急性期の精神障害者に、薬物投与一辺倒ではなく対話を繰り返すことにより、遥《はる》かによい「治療効果」をもたらしているオープンダイアローグというアプローチで主張されている考え方です（セイックラ&アーンキル『開かれた対話と未来』医学書院）。

私はこのオープンダイアローグの集中研修を二〇一七年に受け、文字通り世界観が変わりはじめました。「他者の他者性」という考え方を知ることにより、「意見をまとめなければならない」という私自身の強迫観念から自由になることができたのです。それは一体どういうことでしょうか？

私は娘や妻のことを完全に理解することはできません。なぜなら、私は妻や娘になれないし、娘や妻には私に理解し得ない他者性があるからです。ということは、私が妻や娘と対話をしても、完璧に理解し合えるわけではありません。妻と結婚して二〇年が経ち、割と毎日のように会話をしていますが、それでも「そうだったの？　知らなかった！」と思う出来事に未《いま》だに出会います。つまり、自分には想像も理解もし得ない他者性が、他者には含まれているのです。

ということは、他者と意見を完璧に一致させることは、原理的に無理なことだと言えます。だから、「意見をまとめる」というのは、一方が他方を説得し、相手に服従するあるいは鵜《う》呑《の》みにする中で、「まあええか」「もうしゃあないか」という妥協の産物として導かれる可能性も少なくありません。それは、時には暴力的になります。「長いものには巻かれろ」とか「言っても仕方ない」という諦めがベースになる場合だってあります。

では、物事を決める時にどうすればよいのか？　私がオープンダイアローグの提唱者の一人、トム・アーンキルさんから直接学んだのは、「違いを知る対話」と「決定のための対話」を分けるやり方です。彼が勤めていた研究所で方針決定などをする際、午前中はそのテーマについてのお互いの思いをざっくばらんに話し合う「違いを知る対話」に時間をかける、といいます。それをお互いが理解した上で、「ではどうしたらよいか？」という「決定のための対話」は、お昼ご飯を挟んで午後に行うと、上手く決まりやすいと言います。なぜこのような、遠回りに見えるプロセスを踏むのでしょうか。

学級会であれ会社の会議であれ、話が揉《も》めるのは、価値観が対立した際です。一つのテーマに関して、お互いが違う意見や見解を持っていて、双方の正しさに一定の理がありなかなかまとまらないとき、話が揉めるのです。それを司会者やファシリテーターが力ずくで一つにまとめようとすると、違う見解を持っている人は反発したり、黙り込んだりします。なぜなら、自分の意見が聞かれていない、尊重されていないと思うからです。

でも、その前に、お互いの価値前提を聞き合う時間があれば、話は違ってきます。なぜあの人は私と反対の意見を持っているのか。そこには必ず理由や背景があります。「そんなのあり得ない！」と思う意見であっても、なぜそう考えるのか、という他者の合理性（＝出来事と選択と理由の、連鎖と蓄積）をしっかり聞いているうちに、自分が相手の境遇に置かれたら、そう考えるかもしれないな、と理解ができてくるのです。

この他者の他者性に気づいた（「違いを知る対話」をした）後で、「ではどうするか？」という「決定のための対話」を行うと、決定の質が異なってきます。自分が正しいと信じる価値観の押しつけではなく、相手の価値観も受け入れた上で、でもこうも言えませんか？　と提案することになります。相手の側も、自分の価値前提をちゃんと聞いて理解してもらった上で、異なる提案をされると、すんなり受け入れやすくなったりするのです。

これが、共に思い合う関係性の基盤にあると私は考えます。

四　ケア中心の社会へ

己の唯一無二性とも出会い直す

他者には自分に知り得ない他者性があることに気づくプロセスは、自分自身にも、その他者とは違う圧倒的な固有性があることに気づくプロセスでもあります。それは、「己の唯一無二性」と出会い直すことでもあります。これは他者とケア関係を結ぶときに、ギフトとしてもたらされるものかもしれません。

娘をケアしはじめた時、思い通りにならず、圧倒的に時間と手間がかかる娘を前に、あたふたオロオロ、そして時にはイライラしていました。でも、そんな娘に関わるうちに、娘を通じて自分自身を見つめ直す瞬間が沢山訪れます。それは、私自身の中核的感情欲求のどの部分が満たされていないか、と向き合うことであり、どのような部分に非寛容なのかを知ることでもありました。ある種の自分自身の「影」との出会いでもあります。

でも、見たくない自分自身の影をなかったことにする、あるいは他人に投影してバッシングしても、その影の亡霊に襲われるばかりです。強みもあれば弱みもある。得意と不得意はセットです。その際、弱みや不得意をなかったことにするのは、自分自身の実像の半分しか認めていないことになります。

「己の唯一無二性」と出会う（出会い直す）とは、至らなさや愚かさ、醜さも含めた、見たくない影をも、そのものとして認めることを指します。それは、結構キツいプロセスです。娘の言動にカッとなって怒っている時に、「お父さん、怒ってる？」と聞かれると、まさに「影に直接問われている」ような気分になります。私はなかなか変わることができない人間なので、「怒ってへんで！」と仏頂面で応えたりしてしまいます。

娘をケアする中で、自分自身の影と出会い、その影を否定せずに認めることは、実は娘の他者性をそのものとして認めるという意味で、相互承認のプロセスでもあるのです。娘にイライラする時は、私の中で許せないスキーマや価値観と出会っている時でもあります。それは、彼女にイライラしているようで、自分の許容しない影をそのものとして突きつけられていることでもあります。一方で、なぜ彼女が私をイライラさせる行為に出たのか、という他者の他者性を理解するプロセスの中で、彼女がそうせざるを得ない出来事と選択と理由の、連鎖と蓄積（＝他者の合理性）が理解できてきます。すると、彼女を許せるだけでなく、彼女にイライラした自分の内的合理性も理解でき、それをも許せるようになってくるのです。そんな父の様子を見ていると、娘の不安定さもどんどん鎮まっていきます。

「他人と過去は変えられない。変えられるのは自分の未来だけ」

しばしば言われますが、娘をケアしていて、痛感させられるのが、このフレーズです。娘は、しっかりとした意思を持っているので、父がねじ伏せようとしても、清々《すがすが》しいほどに反発してくれます。それは、彼女が「お父ちゃんとは違う他者性があるで!」と全力で自己表現してくれているのです。そして、そういう自己表現ができるのは、「お父ちゃんは、表現したら理解してくれる」という安心感を持っているからだ、と思います。一方、父はそんな娘の期待に応えたいから、ムッとしてイライラする自分を脇に置き、娘の自己表現を何とか読み解こうとします(もちろん、ついカッとするときもしばしばですが……)。

そうやって、娘との相互作用を繰り返し、相互承認を繰り返す中で、彼女との信頼関係ができ、お互いの尊厳を大切にできるようになります。これが、第二章で述べた、「共に思いやること(Caring with)」の要素である、複数性やコミュニケーション、信頼と尊敬、連帯感の内実だと思うのです。

そんな相互承認関係を続ける上で大切なのが、魂の脱植民地化です。

魂の脱植民地化

「人間の魂が、何者かによって呪縛され、そのまっとうな存在が失われ、損なわれているとき、その魂は植民地化状態にあると定義する。一定の人間集団が、政治的、軍事的、経済的に植民地化状態にあったとしても、そこに生きる人々の魂が、呪縛されていなければ、その精神は植民地化されているとはいえない。あるいは制度的な植民地状態から、国家的独立を果たしたとしても、個々人の精神が内部で深く植民地化されている場合には、その植民地的魂は、長く人々の心に居座り続け、植民地的心性がひきつづき、蔓延《まんえん》することとなる。」

（深尾葉子『魂の脱植民地化とは何か』青灯社、p19-20）

引用した本の著者、深尾葉子先生は、私のメンターです。はじめて出会った二〇一〇年以来、私が自分自身の「影」と向き合う旅を、ずっと伴走してくださっています（その旅の記録の一部は『枠組み外しの旅』〈青灯社〉として言語化しています）。彼女に出会って以来、ずっと私が考え続けているのは、私自身の魂が深く植民地化されていた、ということでした。偏差値や学歴主義、生産性至上主義などにどっぷり浸《つ》かり、他者比較の牢獄《ろうごく》の中に閉じ込められていた私の魂は、「何者かによって呪縛され、そのまっとうな存在が失われ、損なわれている」という意味で、植民地化されていたのでした。

その視点で捉え直すと、「迷惑をかけるな憲法」とは、まさに魂の植民地化そのものです。中核的感情欲求の一つ、「自分の感情や思いを自由に表現したい、自分の意思を大切にしたい」という思いに蓋をして、「他者を優先し、自分を抑えること」に必死になる姿です。学生たちも私も、制度的な植民地状態に生きているわけではありません。言論の自由が保障された日本社会に暮らしています。でも、「個々人の精神が内部で深く植民地化されている」のです。

その状況を、「昭和九八年」的世界と重ね合わせると、以下の「妄想」が生まれます。一九四五年に敗戦を迎え、軍国主義国家による呪縛からは解放されました。しかしながら、「欲しがりません、勝つまでは」という植民地化された精神が、「先進国に追いつけ追い越せ」という経済至上主義の形でそっくり残ります。「頑張れば、報われる」＝「報われるためには、頑張らなければならない」というがむしゃらの論理が蔓延・延命し、猛烈な能力主義的競争の世界に突っ込んでいきます。それが「大成功」したからこそ、世界第二位の経済大国になったのでした。でも、物質的な成功を得た後、精神や魂をどう成熟させるか、の方法論を見失っていた。それがバブル経済の崩壊以後の三〇年の姿だったように私には思えます。

猛烈サラリーマンは、男性中心主義的な会社の同質性に守られ、子どものケアや妻との対話から逃げてきました。そうしたくても、できる時間的余裕はありませんでした。すると、他者の他者性に出会えないまま、会社の論理を内面化していきます。他者の他者性に出会えないので、己の唯一無二性にも出会えません。定年退職をしたサラリーマンが妻に疎まれ離縁を告げられる「濡《ぬ》れ落ち葉」状態になるのは、妻や子どもという他者の他者性に出会えず、己の唯一無二性をも大切にできなかった、その己の「影」の強烈なしっぺ返しのようにも、私には感じられます。つまり、己の魂を植民地化することで、「社畜」として働き、ケアなき世界を生きてきた世代は、定年後にその「影」に襲われ、恐れおののいているのです。

これが「昭和九八年」的世界の閉塞感の元凶の一つなのではないか、と感じています。

そんな社会をどう変えていけばよいのでしょうか。

葛藤を共に味わい社会化する

先に紹介したオープンダイアローグにおいて、「不確実性への耐性[13]」という考え方があります。これは、見通しの利かない不確実な状況に陥った時、専門知識を振りかざして「わかったふり」をすることなく、「正解」を無理やり当てはめようとせず、「いま・ここ」の不確実さをそのものとして認め、その状況下で一緒に考え続けていくというアプローチです。魂の脱植民地化とは、この不確実な状況にしぶとく向き合ううちに訪れる世界なのではないか、と思っています。

「迷惑をかけるな憲法」に従っている学生たちは、そのルールにさえ従えばよいという意味で、不確実さを減らそうとしています。でも、何が迷惑なのかを直接相手に尋ねようとはしません。勝手に相手に忖度して、「迷惑をかけそうだから」とブレーキを踏んでいる。これはダイアローグではなくモノローグ状態です。

一方、六歳の娘は、本人の思いをグイグイぶつけてきます。こちらが受け入れられない、やめてほしい、と思うときは、彼女と対話をする必要があります。でも、正直に言えば、これは時として面倒くさいのです。彼女がしたいと思う気持ちをじっくり聞いた上で、こちらはやめてほしいと思う理由を彼女にもわかる言葉で丁寧に説明する必要があります。そして、それを説明したところで、彼女が行動を変えてくれるかどうかはわかりません。「もう、ちゃんとしてよ!」と叱りつけ、親に強制的に従わせたい。そんな黒々とした欲望も見え隠れします。

しかし、そういう葛藤が最大化する場面は、「他者の他者性」に出会う最大のチャンスなのです。それを「迷惑をかけるな」と忖度して/させて回避すると、日常はスムーズにまわりますが、相手の理解にも自分自身の理解にもつながりません。なぜなら、葛

13　オープンダイアローグ対話実践のガイドラインウェブ版　https://www.opendialogue.jp/対話実践のガイドライン/

藤を回避し、スムーズな進行にばかり気を取られているからです。

いま・ここ、の不確実性に身をさらすこと。これはめちゃくちゃ怖いことです。何が正解かがわからない状況にあるなかで、自分が言ったことを理解してもらえるか、受け入れてもらえるかどうかわからない。それは自分が傷つく恐れもあり、不安感も高まる状況です。

でも、その不安感が己の影だとしたら、どうでしょう。影を無視して、他者との出会いによる葛藤を回避して、スムーズな日常に逃げ込むことによって、己の唯一無二性に出会うチャンスをも見失ってしまいます。それは、中核的感情欲求を満たすチャンスを見失うことであり、「世の中なんてどうせそんなもんだ」と諦めて、自己責任的社会を消極的に受け入れ、自分自身が縮こまっていきます。それこそが「魂の植民地化」なのです。

魂の「脱」植民地化とは、この葛藤の最大化場面において、他者を信じて、他者や己との対話を豊かにしていくプロセスなのではないかと思います。落としどころや見通しの利かない場面で、とにかく他者の他者性を理解しようと、全身で聞き耳を立てる。そういうふうに、相手に自分をさらけ出すことで、相手との間に信頼関係が生まれ、そこから相手も自分の声を聞いてくれる展開が生まれる。そういう不確実さをそのものとして大切にする姿勢の中から、「違いを知る対話」が生まれてきます。そしてあなたがそう心がけさえすれば、いま・ここ、でその対話をはじめることもできるのです。

それこそが、ケアに満ちあふれた対話なのです。

できる一つの方法論

この本の冒頭で、「ケア中心の社会なんてできっこないよ！」と「できない一〇〇の理由」を述べるのではなく、ではどうしたら可能なのか、と「できる一つの可能性」を模索する重要性を述べました。男性中心主義的な論理の外に出て、能力主義や生産性至上主義を疑う。これは植民地化された魂にとっては、その外の世界に出ることは、空恐ろしいことのように思えるかも知れません。でも、私は幸いなことに、娘へのケアを通じて、娘や妻と共に、その外の世界に出会いはじめました。その中で、「どうせ」「しかたない」と自分自身にかけていたリミッターが蓋として機能している現実とも向き合ってきました。その蓋とは、中核的感情欲求を封印した蓋でもあることに、気づきはじめました。

今後、どんなふうに生きていくか。それは、誰にも全くわからない、不確実な情況です。その際、能力主義的な社会を出てケア中心主義の生き方をするということは、具体的なあなたと私が出会って、そこでの対話的関係性を生み出すことからはじまります。他者の他者性に出会った上で、どのようにいま・ここで己の唯一無二性と関係性のダンスが踊れるか、が問われています。正直、ダンスを始めてみないと、そのダンスはどこに行き着くか、わかりません。

でも、わからないからこそ、希望があるのだと思っています。

イタリアで精神病院を廃絶に導いた医師フランコ・バザーリアは生前、「理性の悲観主義」ではなく「実践の楽観主義」を唱えてきました（詳しくは拙著『「当たり前」をひっくり返す』〈現代書館〉参照）。現実主義に囚われていると、「〇〇だから無理だ、できっこない」という悲観主義に囚われます。でも、それはやってみることなく、頭でっかちで考えているだけという意味で、「理性の悲観主義」です。

一方、目の前の赤ちゃんが泣いている時に、理性の悲観主義でいると、赤ちゃんはますます泣き叫び、下手をしたら生命の危機に繋《つな》がります。その際、「ではどうしたらよいのだろう?」と、とりあえずまず自分が動いてみる。ケアの世界に必要なのは、この実践ありきです。その際、楽観主義でないと、やっていけないのです。

振りかえって考えてみると、「昭和九八年」的世界の閉塞感とはまさに、前時代の成功に固執した「理性の悲観主義」かもしれません。SNS上にはそのようなしたり顔の批判が溢れています。それより、具体的な他者と関わること。それも忖度的な関わりではなく、ケア的に関わることにより、答えのない不確実性のなかで、葛藤が最大化しながらも、できる一つの方法論をともに模索すること。それを通じて、他者の他者性に出会い、己の唯一無二性と向き合い直すこと。それが、自らにかけられたリミッターの呪縛を外し、魂の植民地化状態から抜け出し、己の魂が脱植民地化していく世界です。それが実践の楽観主義であるとすれば、みなさんも、このケア中心の楽観主義を生きてみませんか？

まずは、身近な他者と「違いを知る対話」をはじめること。自分とは違う「他者の他者性」をじっくりうかがい、そのものとして理解しようとすること。それが、ケア中心社会に至る「できる一つの方法論」の入り口である。私はそう考えています。

おわりに

日本社会のケアレスな現状は、世代間連鎖しているのかもしれません。

学生たちと話をしていると、「よい子」である背景にいわゆる「毒親」と言われる、母による強い呪縛《じゅばく》を受けているケースが結構見られます。母の価値観に合致した言動をした時のみ褒めてくれた、母の希望で就職先は公務員（大企業）にしなければならない、支配的な母が荒れ狂わないように従わなければならない……。彼女ら彼らが抱えるしんどさ・生きづらさの背景に、支配的で抑圧的な母の姿を垣間見《かいまみ》ることが、多々あります。

でもそこに、子どもを護るために母に立ち向かう「父」の姿が見えないのです。話を聞いていると、夫婦で話をしない、父はダメだと母が罵っている、父は転勤族や残業続きであまり家にいない、家にいてもゲームばかりしている、自室に閉じこもっている、父は母に手をあげる……といった、父の不在や欠損問題なども垣間見えてきます。「労働ファースト」で問題含みの父と、対話不在の環境の中で抑圧的な母。そんな環境で育ち、父の代償として母の欲望や支配の眼差しを受け続ける「いい子」。でも本人は、生きづらさがどんどん募り、自己肯定感が低く、諦めを内面化していく。

この学生たちの親世代が、私と同世代の団塊ジュニア世代に重なりつつある、という「昭和九八年的現実」を前にすると、暗澹《あんたん》たる気持ちになります。能力主義や生産性至上主義の価値前提を子どもの頃から刷り込まれてきて、その評価や査定の眼差しで妻が夫を見たとき、能力が劣るとか、仕事以外は役に立たないとか、そういう否定的な眼差しを夫に注ぐ。夫も残業や長時間労働で家に寄りつかず、あるいは家にいても存在感がない、暴力を振るうなどで、妻に協力的でない。その中で、実質的に夫婦関係は破綻しているのに、「よい子」の子どもが結果的に夫婦関係を保つ「子はかすがい」になっている。

ここには他者の他者性を尊重しよう、己の唯一無二性を大切にしようとする姿勢が欠落しているようにも思えます。そんな親たちに育てられた子どもは、他者の評価を気にし、他者の視線に怯《おび》え、自分のことを過小評価したり、自暴自棄になったりしています。この構造は、私と同世代の親が、自らを過小評価し、他者の視線に怯え、自暴自棄になった姿の継承のようにも、思えてくるのです。さらに私の親世代は団塊世代で、高度経済成長という熱狂や生産性至上主義に染まりながら、「労働ファースト」で昭和的成功を作り上げ、家族との対話は二の次になっていた。その親世代は第二次世界大戦を当事者として生きた世代で……と、それぞれの世代の中核的感情欲求が満たされず、歪《ゆが》みを無自覚に抱えて生きてきました。

つまり、昭和的な価値観の中で、経済至上主義で「追いつけ追い越せ」と競争原理を働かせ、それを内面化してきた結果として、ケアレスな夫婦関係や家族構造がしっかりできあがり、それが温存、継承されてきたのではないか、という仮説を私は抱きはじめています。そして、そのような寒々とした関係性を打ち破るためには、ケアレスな関係性を見つめ直し、家族一人一人の「他者の他者性」と向き合う必要がある。そうしないと、「己の唯一無二性」とも出会い直すことができないのではないか、と。

誰かとケア的な関係を結ぶことは、支配―服従関係ではありません。ハラスメント的な関係性でもありません。あなたが一方的に批判や非難をされていると感じる相手とは、親族関係であっても距離を取る、縁を切る、関係性をできる限り減らしていく必要があります。まずは、自分自身が心地よい、不快ではない関係性を増やしていく必要があるのです。

では具体的にどうすればよいのか。

その際、ニューヨークのエンパワーメントセンターで聞いた「リカバリー」の概念が補助線として役立ちそうです。「あなたは（生きづらさを感じている）今でも何一つ欠けるところのない人間です」という前提に立った上で、リカバリーを三段階で示しています。

■リカバリーの三段階
①「夢を持ち始める（begin your dream）」
②「夢を追い求める（pursue your dream）」
③「夢を生きる（live your dream）」

抑圧を内面化し、自己否定する思考に支配されていると、「こんな私に夢なんて」と諦めがちです。でも、それこそ自分へのケアを失ったケアレスな状態なのです。どんな小さなことでも良いから、まず自分が「夢を持ち始める」。そして、そのことを、信用できそうな他者に伝えて、「夢を追い求める」サポートしてもらう。それが、ケア的な関係性を築く上での土台になります。その際、じっくり話を聞くことなく、「そんなの無理だ」「やめておけ」など頭ごなしに査定や批判の眼差しを注ぐ人がいたら、それはハラスメント的な関係性なので、家族や友人、恋人であっても、そういう人とは「縁がなかった」と、勇気を持って縁を切る、遠ざかる方が良いです。

そして、あなたの「夢」を否定せずに追い求めるのを応援してくれる人を、探し始めるのです。そのためには、あなたも他者の「夢」を否定せずに聞いてみることが大切かも知れません。あなたが他者の他者性を否定せずにその「夢」を聞くことができるなら、相手もあなたの「夢」を聞いてみたいでしょうし、それを否定はしないでしょう。そんな「夢」を語り合う仲間を増やしていくなかで、「共に思いやる（Caring with）」関係性が増えていきます。このような「共に思いやる」仲間を増やしていくなかで、あなたの自己否定や抑圧的な感情や価値観は少しずつほぐれ、「夢を生きる」準備ができてくるのです。

本書を通じて、日本社会の抑圧や呪縛の世代間連鎖の社会構造をそのものとして学び（なおし）、そこから逃れるあり方こそがケア的関係性なのだ、と気づいてほしい。私はそう願っています。自分が悪いと思っている問題は、社会構造的な抑圧や呪縛の個人化・内面化でもあるのだ、と気づいてほしいのです。そして、そこから距離を取るための第一歩が、「迷惑をかけるな憲法」に無批判に従うことを止《や》めてみることです。あるいは立ち止まって考えてみることです。

あなたが自分自身の「夢を生きる」ために、大切な立ち止まりの機会として本書を活用して頂けるなら、著者としてはものすごく嬉《うれ》しいです。

あとがき

流れに身を任せているうちに、この本ができあがってしまいました。著者の私自身が、もっとも驚いています。

新書は好きな媒体だったので、いつか自分も新書を書いてみたいと思っていました。以前とある別の新書の持ち込み企画に応募して、不採用になったこともあります。自分には新書はご縁がないのかなぁ、とその時は思っていました。

物事が突如動き始めたのは、二〇二三年一月でした。友人の青木《あおき》真兵《しんぺい》さんと思想家の内田樹《うちだたつる》先生が対談されたイベントの懇親会で、建築家の光嶋裕介《こうしまゆうすけ》さんと出会い、意気投合します。その数日後、彼からちくまプリマー新書の『建築という対話　僕はこうして家をつくる』が送られてきました。これぞプリマー新書、と納得の読みやすさと面白さを兼ね備えた素敵な入門書で、門外漢の私でも建築に興味が湧くすぐれた一冊でした。その書評をブログに書いたところ、彼も喜んでくれて、新書の担当者である鶴見智佳子さんに連絡をとってくれました。すると、鶴見さんもケア論を出したくて、拙著を読んでいたそうで、その後、二月初旬にはじめてメールを頂きました。

それだけでも私にとっては希有《けう》な展開なのに、さらに話は続きます。私はこれまで単著を四冊書いてきましたが、書き下ろしの本ははじめてです。時間がかかりそうかな、と思っていたのですが、二月下旬に鶴見さんとZoomでおしゃべりし、私の妄想たっぷりの話を見事に目次として整理してくださると、がぜん書きたい気持ちが湧いてきて、本書の「はじめに」を書き終えたのが二月末。三月末に企画が正式に決まり、四月から七月までは授業期間で忙しかったのですが、授業やゼミで本書のトピックをネタに学生たちと対話しているうちに一月一章ペースで書き進められ、七月には本文を書き終えました。八月にはゲラが届いて、こうしてあとがきを書いて、一〇月には出版される、という驚くべきスピードです。ついでに言えば四月から私自身、内田樹先生の凱風館《がいふうかん》に入門し、光嶋さんとも合気道の稽古仲間になって、それもびっくりです（笑）。

とはいえ、これまで沢山のひとにケアをされて、幾何《いくばく》かの人々をケアする中で、ぼんやり感じていたことを本書の中に詰め込んでいくうちに、無理なく自然に書けたと思います。二〇歳の学生たちの視点と、六歳の娘の視点、そして四八歳の私自身の視点が交錯するなかで、異なる音がそのものとして響き合うポリフォニーを読者の皆さんにお届けすることができたら、著者としては存外の喜びです。

この本ができあがる過程では、兵庫県立大学環境人間学部竹端ゼミの四期生、五期生の皆さんに原稿を読んでもらい、率直な意見をもらいました。また、本書執筆のご縁をパスしてくださった光嶋裕介さん、そして光嶋さんや内田先生と出会うきっかけを作って下さった無形庵《むけいあん》の山本純志《やまもとあつし》さんにもお礼申し上げます。常に的確なアドバイスで励まして下さった編集者の鶴見智佳子さんに身を任せたおかげで、あっという間に刊行することができました。みなさんからケアされて、本書が生まれました。

最後に、いつも至らぬ父ちゃんをケアし続けてくれる娘と妻に感謝します。

二〇二三年　立秋を前に

竹端　寛

ちくまプリマー新書

268
介護のススメ！
――希望と創造の老人ケア入門
三好春樹
介護は時間も場所も、言葉も超えるタイムマシン！　老人たちの問題行動の中にこそ、豊かな介護を創るカギがある。さあ、高齢者ケアのワンダーランドへ旅立とう。

201
看護師という生き方
宮子あずさ
看護師という仕事は、働く人の人間性に強く働きかけ、特有の人生を歩ませる。長く勤めるほど味わいが増すこの仕事の魅力に職歴二六年の現役ナースが迫る。

247
笑う免疫学
――自分と他者を区別するふしぎなしくみ
藤田紘一郎
免疫とは異物を排除するためではなく、他の生物との共生のための手段ではないか？　その複雑さから諸刃の剣とも言われる免疫のしくみを、一から楽しく学ぼう！

343
どこからが病気なの？
市原真
病気と平気の線引きはどこにあるのか？　病気のアラームとは何か？　かぜと肺炎はどう違う？　人体と病気の仕組みについて病理医ヤンデル先生がやさしく解説。

ちくまプリマー新書

ちくまプリマー新書

001
ちゃんと話すための敬語の本
橋本治

敬語ってむずかしいよね。でも、その歴史や成り立ちがわかれば、いつのまにか大人の言葉が身についていく。これさえ読めば、もう敬語なんかこわくない！

052
話し上手 聞き上手
齋藤孝

人間関係を上手に構築するためには、コミュニケーションの技術が欠かせない。要約、朗読、プレゼンテーションなどの課題を通じて、会話に必要な能力を鍛えよう。

076
読み上手 書き上手
齋藤孝

入試や就職はもちろん、人生の様々な局面で読み書きの能力は重視される。本の読み方、問いの立て方、国語の入試問題などを例に、その能力を鍛えるコツを伝授する。

151
伝わる文章の書き方教室
――書き換えトレーニング10講
飯間浩明

ことばの選び方や表現方法、論理構成をちょっと工夫するだけで、文章は一変する。ゲーム感覚の書き換えトレーニングを通じて、「伝わる」文章のコツを伝授する。

ちくまプリマー新書

412
君は君の人生の主役になれ
鳥羽和久
管理社会で「普通」になる方法を耳打ちする大人の中で育ち、安心を求めるばかりのあなたは自分独特の生き方を失っている。そんな子供と大人が生き直すための本。

238
おとなになるってどんなこと？
吉本ばなな
勉強しなくちゃダメ？　普通って？　生きることに意味はあるの？　死ぬとどうなるの？　人生について、生まれてきた目的について吉本ばななさんからのメッセージ。

395
人生はゲームなのだろうか？
——〈答えのなさそうな問題〉に答える哲学
平尾昌宏
読書猿さん推薦！　ルールも目的もはっきりしないこの「人生」を生き抜くために、思考の「根拠」や「理由」をひとつひとつ自分で摑みとる練習を始めよう。

308
幸福とは何か
——思考実験で学ぶ倫理学入門
森村進
幸福とは何か。私たちは何のために生きているのか——誰もが一度は心をつかまれるこの問題を、たくさんの思考実験を通して考えよう。思考力を鍛える練習問題つき。

ちくまプリマー新書

ちくまプリマー新書

226
何のために「学ぶ」のか
――〈中学生からの大学講義〉1
外山滋比古／前田英樹／今福龍太
茂木健一郎／本川達雄
小林康夫／鷲田清一
大事なのは知識じゃない。正解のない問いを、考え続けるための知恵である。変化の激しい時代を生きる若い人たちへ、学びの達人たちが語る、心に響くメッセージ。

227
考える方法
――〈中学生からの大学講義〉2
永井均／池内了／管啓次郎
萱野稔人／上野千鶴子
若林幹夫／古井由吉
世の中には、言葉で表現できないことや答えのない問題がたくさんある。簡単に結論に飛びつかないために、考える達人が物事を解きほぐすことの豊かさを伝える。

228
科学は未来をひらく
――〈中学生からの大学講義〉3
村上陽一郎／中村桂子／佐藤勝彦
高薮縁／西成活裕／長谷川眞理子
藤田紘一郎／福岡伸一
宇宙はいつ始まったのか？　生き物はどうして生きているのか？　科学は長い間、多くの疑問に挑み続けている。第一線で活躍する著者たちが広くて深い世界に誘う。

229
揺らぐ世界
――〈中学生からの大学講義〉4
立花隆／岡真理／橋爪大三郎
森達也／藤原帰一／川田順造
伊豫谷登士翁
紛争、格差、環境問題……。世界はいまも多くの問題を抱えて揺らぐ。これらを理解するための視点は、どうすれば身につくのか。多彩な先生たちが示すヒント。

ちくまプリマー新書

230 生き抜く力を身につける ——〈中学生からの大学講義〉5
大澤真幸／北田暁大／多木浩二／宮沢章夫／阿形清和／鵜飼哲／西谷修

いくらでも選択肢のあるこの社会で、私たちは息苦しさを感じている。既存の枠組みを超えてきた先人達から、見取り図のない時代を生きるサバイバル技術を学ぼう！

305 学ぶということ ——続・中学生からの大学講義1
桐光学園＋ちくまプリマー新書編集部編

受験突破だけが目標じゃない。学び、考え続ければ重い扉が開くこともある。変化の激しい時代を生きる若い人たちへ、先達が伝える、これからの学びかた・考えかた。

306 歴史の読みかた ——続・中学生からの大学講義2
桐光学園＋ちくまプリマー新書編集部編

人類の長い歩みには、「これから」を学ぶヒントがいっぱいつまっている。その読み解きかたを先達に学び、君たち自身の手で未来をつくっていこう！

307 創造するということ ——続・中学生からの大学講義3
桐光学園＋ちくまプリマー新書編集部編

技術やネットワークが進化した今、一人でも様々なことができるようになってきた。新しい価値観を創る力を身につけて、自由な発想で一歩を踏み出そう。

ちくまプリマー新書438
ケアしケアされ、生《い》きていく

二〇二三年十月　十　日　初版第一刷発行
二〇二四年四月二十五日　初版第二刷発行

著者　竹端寛（たけばた・ひろし）
装幀　クラフト・エヴィング商會
発行者　喜入冬子
発行所　株式会社筑摩書房
東京都台東区蔵前二－五－三　〒一一一－八七五五
電話番号　〇三－五六八七－二六〇一（代表）
印刷・製本　中央精版印刷株式会社

ISBN978-4-480-68463-9 C0236 Printed in Japan